MAURICE

LES COLONIES FRANÇAISES

LA

# NOUVELLE-CALÉDONIE

ET LES

## ILES DE DÉPORTATION

AVEC UNE CARTE

## Par V.-F. MAISONNEUFVE

— ❈ —

PARIS
AU BUREAU DE *L'ECLIPSE*
16, RUE DU CROISSANT, 16
—
1872

# LA COLONISATION FRANÇAISE

—

Nous n'entreprendrons pas ici de faire l'histoire de la colonisation française, si hardie de 1360 à 1364; puis suspendue pendant cent-cinquante ans; renaissante en 1535 au Canada, et tâtonnant jusqu'au règne de Henri IV en Amérique; prospère sous Richelieu aux Antilles, sur la côte d'Afrique et à l'entrée de l'Océan indien; atteignant enfin son apogée sous le ministère de Colbert, de Seignelay et de Pontchartrain, (1663 jusqu'à 1697,) en fortifiant ses premières stations et en jetant dans le continent de l'Inde les fondements d'un nouvel et vaste empire français.

Les traités d'Utrecht, de Paris et de Versailles, séparés par un demi-siècle, sont autant d'étapes sur la pente fatale au bout de laquelle nous trouvons, en 1814 et 1815, le déclin pour ne pas dire l'anéantissement de notre puissance coloniale.

Avec la paix la résurrection, dont l'Algérie sera le premier gage, la Cochinchine le second. Signalons seulement une faute irréparable du gouvernement de juillet : l'abandon de la Nouvelle-Zélande, où un simple capitaine de navire merchand, M. Langlois, avait planté le drapeau tricolore, et où la France se laissa alors devancer par l'Angleterre.

Le domaine colonial de la France se compose après cinq cent-dix ans (1360-1870) des possessions suivantes :

Afrique. Nord : Algérie. Ouest : Sénégal et Gorée, établissements de la Côte-d'Or et du Gabon, (Grand-Bassam, Assinie, Dabou, Gabon). Sud-Est en mer : La Réunion (Bourbon), Mayotte et Nossi-bé, Sainte-Marie de Madagascar, des droits indéterminés sur Magadascar, Saint-Paul et Amsterdam. Nord-Ouest : territoire inoccupé d'Adoulis avec une lisière du littoral et la rade d'Obokh.

Asie. Les établissements de l'Inde (Pondichéry, Karikal, Chandernagor

Mahé, Yanaon,) et diverses logés ou factoreries éparses; une partie de la Cochinchine et l'île Ponlo-Condor.

Océanie. *La Nouvelle-Calédonie*, l'archipel de Taïti (simple protectorat,) et les îles Marquises.

Amérique. La Guadeloupe et ses dépendances, (Marie-Galante, la Désirade, les Saintes, une partie de l'île Saint-Martin;) la Martinique, la Guyane, les îles Saint-Pierre et Miquelon, et des droits de pêche sur le littoral de Terre-Neuve.

*
* *

Au double point de vue de l'étendue et de la population, la France n'a droit qu'au 4e rang dans le monde colonial, après le Royaume-Uni, les Pays-Bas et l'Espagne.

Nos possessions n'ont guère plus de 50 à 60 millions d'hectares, l'Algérie y étant comprise pour 40 millions et la Guyane pour 12; et comptent à peine 4 millions d'habitants, dont plus de moitié en Algérie seulement; soit : *un colon par 10 métropolitains.*

Les colonies Anglaises s'étendent sur 2 milliards d'hectares environ, ce qui est la 6ᵉ partie du globe habitable, 40 fois plus que la France.

Dans cette estimation entrent, il est vrai, des pays inexplorés comme l'Australie et inhabitables comme la zone glaciale du Nord-Amérique ; mais la seule superficie de l'Inde, — jusqu'ici conquête plutôt que colonisation, — suffirait pour assurer le premier rang à la nation qui en est souveraine. La densité de population n'y dépasse pas dix habitants par hectare, c'est-à-dire 200 millions d'habitants, le sixième de la population du globe terrestre, — annexe énorme d'une métropole de 30 millions d'âmes seulement; soit : *sept colons pour un métropolitain.*

LES PAYS-BAS qui ne comptent que 3 millions d'habitants serrés sur 3 millions d'hectares, règnent sur 170 millions d'hectares et 17 millions d'âmes : *cinq colons pour un métropolitain.* Le centre principal des domaines extérieurs de la Hollande est dans l'archipel Malais, où les îles de la Sonde, les Célèbes et les Moluques lui sont de riches provinces depuis longtemps soumises à ses lois.

L'ESPAGNE a perdu sans doute beaucoup de son ancienne puissance occidentale, mais Cuba, Porto-Rico dans la mer des Antilles et les Philippines dans l'Océanie, lui restent encore, et, si la superficie générale ne dépasse pas 30 millions d'hectares peuplés par 5 millions d'habitants, on y compte encore *un colon pour trois métropolitains*. L'Espagne dépasse ainsi la France et pourtant son territoire colonial est moins étendu que le nôtre.

LE PORTUGAL est lui-même proportionnellement mieux doté que nous. Ses colonies d'Afrique, — orientales et occidentales, — atteignent 100 millions d'hectares où sont clair-semés 3 millions d'hommes, et, la population de l'intérieur se bornant à 4 millions, on obtient presque *un colon pour un métropolitain*.

LE DANEMARK enfin possède 9 millions d'hectares glacés, (le Groënland,) ou vivent péniblement 120,000 habitants. Il est, comme on le voit, au dernier échelon.

*
★ ★

De ce rapprochement et de cette comparaison de la France avec les autres peuples, il ressort clairement que notre rôle colonial est tout à fait inférieur à notre rôle politique.

La France doit considérer sans forfanterie comme sans faiblesse la profondeur de l'abîme où nos derniers désastres l'ont précipitée. Comme un financier ou un grand propriétaire, au lendemain d'une disette, d'une crise ou d'une catastrophe, a l'impérieux devoir, — pour équilibrer son budget et combler les vides de sa caisse, — de restreindre ses dépenses et d'utiliser toutes les ressources qu'il laissait perdre par prodigalité ou insouciance, — la France est tenue, aujourd'hui, de mettre en œuvre toutes les activités dont elle peut disposer ; la négligence en cette matière deviendrait pour elle un crime de lèse-nation et de lèse-humanité.

Eh ! bien, ne l'oublions pas, de toutes les forces vives d'un peuple, les plus puissantes sans contredit sont les colo-

nies, « cette progéniture des nations. »
Comme le disait Vauban, on ne saurait
entreprendre quelque chose de plus grand,
de plus noble et de plus utile que la fon-
dation de colonies ; peut-on faire des con-
quêtes plus légitimes et plus glorieuses ?

Ces colonies, nous les possédons il est
vrai ; mais il serait peut-être plus juste
de dire qu'elles nous possèdent.

Jusqu'ici nous les avons ignorées et
délaissées. Le sentiment de la fraternité a
fait place à un calcul d'exploitation de la
part des métropoles, à des plans de refou-
lement et d'extermination de la part des
colons, avides sans honte et cruels sans
pitié. Le « pacte colonial » n'était, il faut
bien l'avouer, qu'un tissu de monopoles
et de prohibitions au profit de la mère-
patrie ; gardons-nous de faire retomber
sur la colonisation les vices du système
colonial. On a enfin reconnu que la colonisation embrassait à la fois les intérêts
moraux, religieux, politiques et matériels
et qu'elle avait pour mission de fonder
des sociétés nouvelles, et de faire leur
éducation à tous les points de vue.

D'un autre côté, l'émigration est devenue une nécessité de notre situation actuelle, un acte de haute et bonne politique, un de ces dérivatifs salutaires auxquelles les nations éprouvées doivent demander leur salut, et nous voulons parler ici aussi bien de l'émigration libre que de l'émigration forcée ou transportation modifiée.

Or, qui connaît nos colonies ? Il faut les faire connaître.

Une plume autorisée l'a écrit :

« La géographie est trop délaissée chez nous, et vous aurez fait faire un grand pas à cet esprit de colonisation que je voudrais voir cultivé, lorsque vous aurez appris aux jeunes gens la situation, le climat, les ressources minérales ou agricoles des pays où on émigre ; vous ne verrez plus alors cet effroi absurde que ressentent beaucoup de gens au seul nom de colonies : c'est qu'une tradition erronée les a habitués à considérer tous ces pays lointains comme le séjour de la mort sous toutes les formes les plus redoutables, la fièvre, les massacres, la dent des fauves et des reptiles, etc.

« On perdra aussi cette croyance trop répandue, qu'en mettant le pied sur un navire on s'expose aux misères, aux fatigues, aux dangers les plus grands ; on saura qu'un bon paquebot à voiles ou à vapeur, avec son capitaine et son équipage éprouvés, ne se perd pour ainsi dire jamais. Enfin, une réaction complète aura lieu et le Français montrera aux colonies comme ailleurs la supériorité incontestable de sa nature vive, ardente, intelligente et probe ; il fera concurrence à l'universel Anglais, que l'on trouve partout *amassant l'or* qu'il viendra plus tard dépenser dans nos propres villes, où il aura la primeur des jouissances. »

C'est sous l'inspiration de ces lignes de M. Jules Garnier, que nous avons écrit ces quelques pages, qui résument les publications intéressantes de l'éminent ingénieur, les relations des voyageurs et les rapports officiels. Si, en la montrant sous son vrai jour, nous parvenons à faire aimer la Nouvelle-Calédonie, et si, — en indiquant les richesses de cette terre sur laquelle on colporte les récits les plus étranges, les plus invraisemblables, et disons-le, les plus faux, — nous pouvons y attirer quelques émigrants intrépides et de bonne volonté, notre travail n'aura pas été inutile et nos vœux les plus ambitieux seront remplis.

Mai 1872.

# LA NOUVELLE-CALÉDONIE

—

Avouons tout d'abord qu'on se figure
difficilement l'importance de notre colonie lointaine. Pour s'en rendre compte,
il faut se rappeler que la longueur de
l'île atteint 360 kilomètres et sa largeur
de 48 à 60 kilomètres, ce qui donne une
surface de plus de DEUX MILLIONS d'hectares, *quarante fois* la surface du département de la Seine!...

Supposons maintenant un habitant par
hectare, — comme à la Martinique, à
Bourbon et à la Guadeloupe, — et nous
ne trouverons pas étrange que la
Nouvelle-Calédonie, puisse nourrir *deux
millions* de colons ou d'indigènes.

Mais, hélas! il s'en faut que l'homme,

« le roi de la création, » gère son royaume comme un intelligent propriétaire fait valoir son domaine. Les géographes nous apprennent en rougissant que la sixième partie de la terre est à peu près cultivée, environ un milliard d'hectares sur douze seulément, lorsque la moitié au moins serait fertile. La colonisation seule peut détruire ces immenses et stériles friches, et elle ne sera vraiment sérieuse et réelle que lorsque des légions laborieuses, armées de bêches et de pics, trouveront sur ces terres lointaines, aide, protection et profit.

Ajoutons que l'administration a déjà beaucoup fait depuis quelques mois et que la sécurité morale et matérielle ne tardera pas a être assurée aux futurs colons.

Le climat y est sain, l'habitation facile, les dépenses modérées. Avec un petit capital, une famille de trois ou quatre personnes peut s'y établir, ayant la certitude de s'y créer un nouveau patrimoine, surtout si elle ne se laisse pas prendre au début par le découragement.

L'avenir le plus prospère attend notre

colonie, nous n'en doutons pas, le jour
où elle cessera d'être un centre pénitentiaire pour devenir un pays libre sous le
patronage de la mère-patrie.

\*
\* \*

Située entre les 20°10′ et 22°26′ de
latitude sud et entre les 161°35′ et 164°35′
de longitude est du méridien de Paris,
s'étendant du Nord-Ouest au Sud-Est, la
Nouvelle-Calédonie est entourée de récifs
formés de plateaux de madrépores reliés
entre eux par des bancs de sable, qui
rendent la navigation très-périlleuse. Le
long des côtes, des collines en amphithéâtre ; à l'intérieur, une chaîne de montagnes dont les sommets atteignent jusqu'à 1,600 mètres, des torrents nombreux
formant les rivières de la Mission, de
Kwat et de Diahot, dont le cours est na-
vigable.

Découverte il y a quatre-vingts ans, par
Cook, « ce nouvel Eden » reçut du célèbre navigateur le nom de *Calédonie*, en
souvenir de l'Écosse.

Dès 1788, Louis XVI y envoyait, —

dans un but tout commercial, — l'infortuné Lapeyrouse, qui devait trouver la mort sur les rochers de Vanikoro, où Dumont d'Urville recueillait, vingt ans plus tard, les débris de ses navires.

Bruny d'Entrecasteaux, qui se rendit dans l'île, la déclara « incolonisable. » D'après lui, le sol était couvert d'une végétation languissante, aride et désolé, habité par un peuple maigre, mal charpenté, éloigné de l'agriculture, fanatique, ne se plaisant qu'aux actes les plus hideux du cannibalisme et ne se vêtissant que par crainte des moustiques.

On l'a dit avec raison, le contact de la civilisation est mortel pour les races sauvages, qui se montrent à la fois réfractaires à toute évolution vers un mode supérieur de vie, et perméables à l'invasion de vices qu'elles ignoraient. Afin de satisfaire leur goût immodéré pour les spiritueux, les indigènes, sans excepter les grands chefs, conduisirent leurs filles aux navires qui venaient faire relâche. L'ivrognerie, la prostitution et ses suites étendirent si rapidement leurs ravages, que, malgré la salubrité du cli-

mat, la phthisie pulmonaire dévora la
population autochtonne.

Pourtant, en 1843, les marins de la
corvette française le *Bucéphale* y ame-
naient cinq missionnaires, qui furent
nourris par les indigènes.

Survint une disette : on en rendit les
étrangers responsables; on pilla et brûla
leurs habitations; on tua un des frères et
on chassa les autres.

Dès lors, les caboteurs anglais seuls
vinrent chercher dans l'île des cargaisons
d'écaille de tortue et de bois de sandal.
Si ce trafic était lucratif, il était aussi
dangereux. Combien devinrent la proie
des sauvages, ou échouèrent sur les
écueils !

Peu à peu, les navigateurs réussirent
à franchir la barrière de corail sur laquelle se brisent sans cesse les lames
immenses de l'Océan.

En 1851, l'*Alcmène* essaie d'aborder la
Nouvelle-Calédonie, dans l'intérêt de la
science géographique et hydrographique.
Deux officiers et treize matelots sont tués
et dévorés par les insulaires.

L'équipage débarque alors en force et

sème partout le meurtre et la désolation ;
mais le châtiment ne paraît pas avoir bien
corrigé les indigènes, puisque l'un des
chefs en a raconté plus tard froidement
tous les détails, avouant qu'il avait eu la
la tête du capitaine pour sa part de butin.

Ce double massacre et le rapport du
commandant d'Harcourt attirèrent enfin
l'attention de la France sur la Nouvelle-
Calédonie, et le 24 septembre 1853, le
contre-amiral Febvrier-Despointes pre-
nait possession de l'île Océanienne.

En 1863, M. Jules Garnier s'y rendait,
avec le titre d'ingénieur, chef du service
des mines de la Nouvelle-Calédonie. A
son retour, il publiait une remarquable
étude sur la géologie et sur les ressources
minérales de notre colonie.

*
* *

La Nouvelle-Calédonie est une des crè-
tes de l'immense chaîne qui, partant de
l'Australie et traversant la profondeur de
l'Océan, projette çà et là ses cimes les
plus élevées au-dessus de la surface des
eaux.

On peut la diviser en deux régions : la côte orientale, avec de vastes plaines bien arrosées et propres à tous les genres de culture ; la côte occidentale, plus escarpée, renfermant des richesses minières très-considérables et des minerais métalliques. Dans le centre ouest, les forêts sont devenues le refuge de la sauvagerie.

Les terrains aurifères s'étendent sur une longueur de 120 kilomètres, composée de deux bandes d'une largeur de 10 à 12 kilomètres chacune. Les expériences faites ont donné en peu de temps un rapport étonnant. L'or se trouve en paillettes et en pépites, mélangé à une roche friable qui rend l'extraction peu laborieuse. Ainsi est justifiée la prévision de M. J. Garnier qui, dès 1866, écrivait : « Notre belle colonie offrira bientôt aux exploitants, de riches mines métalliques et cet *essai* pourra alors leur être de quelque utilité, » (1) et ailleurs : « Il se-

(1) *Essai sur la géologie et les ressources minérales de la Nouvelle-Calédonie.* J. Garnier. Dunod, éditeur. (Pages 3 et 23.)

rait fort possible que l'or se trouvât dans les filons de quartz de l'îlôt de Pam. » C'est là qu'on exploite l'or aujourd'hui.

Les deux échantillons envoyés de Poébo à l'exposition permanente des colonies au ministère de la marine donnent l'un 80 gr. 50 d'or, 16 10 d'argent, 3 40 d'autres métaux; l'autre 81 11; 15 49; 3 40. D'après leur titre, leur valeur commerciale serait pour le kilog de 2,764 fr. 73 et 2,785 fr. 33 or, et 35 fr. 24 et 33 fr. 71 argent. Un tonneau de minerai pris à Moudine a donné 1,700 fr. Les schistes anciens apparaissent sur une longueur de 100 kilomètres; les micaschistes bordent le rivage de la mer.

Le sud renferme beaucoup de fer chromé et de magnésie, de nombreuses éruptions serpentineuses, des schistes ardoisiers et argileux. Le chrome abonde au Mont-d'Or; on espère trouver de l'anthracite et du nickel, aux environs d'Ouraï, de Koé, de Karigou et de Saint-Louis; le porphyre est commun à Païta, le jade ascien vers le sommet Nogougueto, et les 1,000 kil. de cette dernière pierre reviendraient à 130 fr. à peine dans un port européen. La houille, la tourbe et le charbon, sont très-rares. Le kaolin donnerait d'excellents matériaux à la céramique.

La pierre à bâtir est abondante ainsi que le fer et la chaux madréporique ou autre. Plusieurs chaufourneries existent dans la colonie.

*<br>* *

L'île compte plusieurs ports ; Kanala, Balade, Kuana, Hienguène, Poëbo, Nakety, Saint-Vincent, Port la Guerre, Nouméa, — qui possède une très-belle position maritime, une vaste rade d'un accès facile et parfaitement abritée, et, comme dépendances, des îles nombreuses, dont la plus importante est celle des Pins, sur la route qui réunit les deux côtes, etc...

On crut d'abord l'île à peu près inabordable ; mais on a reconnu depuis que la ligne de corail est coupée de canaux ou passes qui permettent d'atterrir, en face des embouchures des rivières. L'aspect des récifs est saisissant : des milliers de lames rapides et gigantesques, vraie muraille d'écume, s'élancent sans cesse contre cette barrière d'animalcules infiniment petits, pour se briser sourdement ou avec éclat, avec un grondement ou un mugissement qui font frémir les marins les plus expérimentés.

Le climat de la colonie, d'une salubrité exceptionnelle, grâce aux vents alizés, est à peu près le même partout. De mai à janvier, le temps est beau, la température douce; de janvier à mai, le temps est pluvieux et le vent fort; mais ce changement de saison n'est pas défavorable aux récoltes. Le thermomètre s'y maintient presque toujours entre 18 et 32° centigrades. De mai à novembre, il descend quelquefois à 10° et même 9° au-dessus de zéro, jamais plus bas, — même sur les bords de la mer.

Le sud surtout est malheureusement désolé, en janvier et février, par des cyclones qui durent trois jours.

L'île pourrait nourrir deux millions d'hommes et ne compte que 35,000 indigènes — dont fort peu d'antropophages, — et 8,000 européens, y compris six mille condamnés.

D'innombrables cours d'eau descendent des cimes au centre. Mille essences végétales forment des forêts ombreuses. Dans les lianes et les fougères géantes, courent des oiseaux multicolores. Avouons aussi que l'Européen doit se résigner à voir son vêtement dix foix par jour trempé par la brise humide et séché par le soleil, et à franchir sans cesse ravins, montagnes, ruisseaux ou marais.

Pour passer certains ruisseaux, le voyageur en Nouvelle-Calédonie doit être un hardi nageur; cependant il peut en toute assurance se fier à l'habileté des naturels pour l'aider dans le trajet, s'il ne se sent pas la force ou le courage d'affronter le courant.

Jusqu'ici, les seules voies praticables pour parcourir le pays sont les rivages sablonneux ou rocheux de la mer, les lits des torrents ou les berges des rivières, enfin les crêtes élevées, souvent arides, des chaînes de montagnes, ou les prairies naturelles qui couvrent habituellement les plateaux et les plaines.

Pour les cours d'eau trop larges, on vous prête une pirogue, — tronc d'arbre creusé au moyen du feu, — qu'un balancier empêche de chavirer.

Un jeune savant, qui a su parler de la Nouvelle-Calédonie en touriste et en artiste, M. Jules Garnier, a trouvé les Océaniens si bons nageurs qu'il croit que cela tient à une conformation physique particulière et que leur densité est moins grande que la nôtre.

« Un jour, — dit-il, — des indigènes devaient nous apporter à bord quelques centaines de noix de coco ; j'étais sur le pont, lorsque nous aperçûmes sur la mer à une grande distance une masse flottante d'une étrange tournure : on aurait dit un immense serpent déroulant ou rapprochant avec lenteur ses anneaux sur les vagues ; les lunettes se braquaient sur cette bizarre apparition, lorsqu'un des indigènes qui étaient à bord nous dit : — « Ce sont des noix de coco qu'on vous amène. » En effet, nous distinguâmes à la longue, sur cet amas confus qui s'avançait avec lenteur, quelques formes humaines qui, moitié nageant, moitié supportées par une longue chaîne de cocos, la poussaient et la dirigeaient vers

notre navire ; ils ne nous rejoignirent
que vers le soir, ayant parcouru de cette
manière une distance d'environ quatre
lieues, sur une mer mal abritée des vents
du large. C'étaient des hommes solides,
vrais tritons de bronze, dignes de figurer
à la cour de Neptune. »

Les Océaniens trouvent du reste ce
mode de locomotion très-naturel. On en
a vu, à Lifou, se charger de transporter
des arbres de *trente mètres de long*, abattus
par le gouvernement sur le bord de la
mer, jusqu'auprès du navire en partance,
— c'est-à-dire faire 23 kilomètres en les
poussant devant eux, dans une rade si
ouverte qu'on la prendrait pour la pleine
mer.

*
* *

Parmi les animaux étranges de ces parages, il faut citer la *roussette*, le *notou* et
le *kagou*.

La *roussette*, ou *vampire Calédonien*,
est un petit animal, long de vingt-cinq
centimètres, dont la tête grosse, à oreilles
courtes surmontées de longs poils, et
terminée par un museau pointu armé de

dents formidables, présente une sorte de réduction Collas de la tête de l'ours ou du renard. Son corps est couvert d'une fourrure fauve et noire, qu'on pourrait, sans aucun doute, utiliser comme celle du renard. Son aîle est une membrane noire longue de trente-cinq centimètres, garnie de petits os qui courent en divergeant, semblables à de longs bras soudés à la membrane et se terminent par une griffe solide qui permet à l'animal de s'accrocher aux branches. Son cri est discordant, aigre et retentissant.

La femelle ne donne le jour à la fois qu'à un seul petit, retenu assez longtemps collé au ventre qui l'a porté. Le poids du nourrisson ne tarde pas à entraver le vol de la mère et il est alors facile de les tuer à coups de pierre.

Cet animal, qui se nourrit de graines, vit ordinairement dans les bois et sur les montagnes. Il dévalise les niaoulis au moment de la fructification de ces arbres et n'épargne pas même les cocotiers. Il est bon à manger, sa chair rappelle celle du lapin ; le Kanak en est friand ; l'Européen s'en soucie peu.

Le Néo-Calédonien fait avec le poil de la roussette des cordons, qui, réunis en masse de manière à former un gland volumineux, sont suspendus à des colliers sur la nuque des femmes indigènes.

Par suite de la difficulté du tissage, ces cordons sont fort prisés et ont une valeur fixe comme nos monnaies. Une longueur de tresse déterminée est donnée en échange d'une pirogue, d'une femme, etc., etc.

Une fois tressés, ces poils sont teints en rouge avec la racine d'une morinda qui fournit une couleur jaune fort belle, passant au rouge dès qu'elle est traitée par des eaux alcalines.

Le Notou, *carpophage Goliath* des naturalistes, est un pigeon géant, qui vit de graines, de fruits et de baies, fort abondant dans l'île, et que les indigènes prennent avec des nœuds coulants de lianes. Son cri ressemble au mugissement d'un bœuf.

Le Kagou, *rhinocetos jubatus*, a quarante centimètres de haut. Son corps est aussi gros, mais plus effilé que celui d'une poule. Ses jambes rouges et longues, sont armées de pattes solides et d'ongles très-forts. Sa robe est d'un gris roux et cendré. Une huppe blanchâtre orne sa tête. Son bec est rouge, long, pointu, ses yeux sont d'un rouge limpide avec une grande prunelle noire. Ses ailes, en se déployant, forment un éventail parfait à roues concentriques, circulairement blanches, grises ou fauves et pointillées. La queue, le dessous de l'aile et le ventre sont revêtus d'un duvet soyeux et frisé comme celui de l'autruche.

Ces oiseaux vivent par couples, au bord des torrents. Durant le jour, ils retournent les petits cailloux pour happer les insectes et les nymphes des capricornes, qu'ils disputent aux Kanaks. Ils se rapprochent beaucoup de l'aptérix et des gros oiseaux d'Afrique et d'Australie ; ils s'apprivoisent facilement et sont très-abondants surtout dans le Sud.

La femelle pond deux œufs assez semblables aux œufs de poule, et les cache soigneusement.

Les chiens leur donnent la chasse et

les auront bientôt exterminés si l'on n'y prend garde. On les domestiquerait aisément.

*<br>* *

La plupart des villes et des villages n'ont que des maisons en bois, posées comme des cages sur le sol et calées avec de grosses pierres pour remédier aux inégalités du terrain. L'eau potable y est presque introuvable, aussi distille-t-on l'eau de mer au chef-lieu.

Nouméa seule compte 300 maisons, dont 150 sont bâtis en maçonnerie et 50 en torchis. On y fabrique des fécules, on y prépare l'écorce de morinda pour teinture, du ricin, des noix de bancoul pour huiles, et on extrait des essences de sandal, de niaouli et de citronnelli.

Il y a aussi des ateliers de menuiserie, de serrurerie, de ferblanterie et de vêtements de femmes en fibres de cordia et de cordelettes tressées en fibres de cocotier ; un orphelinat dirigé par des sœurs de Saint-Joseph, et servant de salle d'asile, une société de secours mutuel, une loge maçonnique et une compagnie d'assurances.

Des chaufourneries et des tuileries ont été installées dans l'île, ainsi que deux usines sucrières, une ardoisière, une tannerie et une corroierie, des scieries et des moulins à farine.

Nouméa possède trois beaux édifices : le magasin de la flotte, le Trésor et la caserne d'infanterie de marine et plusieurs grandes rues parmi lesquelles celles de Magenta et de Palestro.

On peut circuler en sécurité dans un rayon de dix lieues autour de Nouméa sans crainte d'être égorgé, quoiqu'en puissent dire quelques écrivains fantaisistes ou intéressés à calomnier notre colonie.

Le chef-lieu est entouré par un cercle de montagnes sans nombre, sans direction et sans altitudes uniformes, couvertes d'une herbe longue et jaunâtre. Au fond du port, de riantes habitations environnées de jardins en amphithéâtre ; ce qui n'empêche pas Nouméa d'être placé dans une des parties de l'île les plus déshéritées de la nature.

M. Tardy de Montravel jeta, en 1854, les fondations de Nouméa qui furent baptisées Port-de-France. Nouméa était le nom donné à la contrée par les indigènes. Ce n'était qu'un point facile à défendre, une presqu'île montueuse, dont l'extrémité profondément échancrée contourne une baie à demie fermée par l'île Nou ou du Bouzet. Déjà, à cette époque, un anglais, le capitaine Paddon, avait fondé un établissement sur l'île Nou, près d'une abondante source d'eau fraîche, inconnue à Nouméa. Le choix du site n'a pas peu contribué à paralyser la colonisation.

On rencontre bien aux environs quelques sentiers, mais une seule route carrossable. L'herbe est sèche, et pourtant les troupeaux prospèrent. Peu à peu, le spectacle change, la végétation devient luxuriante, les pâturages sont verdoyants et les forêts énormes.

A Koutio-Kouéta (*passage des pigeons*), — première station de M. Joubert, — mille bœufs et cent chevaux paissent sur le *run*. A Koé (*sauterelle*), — deuxième station,— s'étend une plaine de cannes à sucre, commandée par une sucrerie. La *brousse*, avec ses hautes herbes et ses fourrés épais, est presque impraticable.

Poëbo est distant de 15 jours à voile de Nouméa et sur la côte opposée.

Le centre de l'île est montagneux, avec des cours d'eau perpendiculaires à la chaîne qui s'étend dans presque toute sa longueur. Une magnifique vallée s'ouvre derrière les crêtes qui séparent les tribus de Hienguène et de Poëbo pour déboucher sous la mer. On l'a nommée *Diahot* (grande rivière), parce qu'elle est traversée par un véritable fleuve. Cook disait de cette région : « Il n'est pas possible d'imaginer un ensemble plus pittoresque ! » On a découvert de riches mines d'or, comme l'avait prévu M. J. Garnier, sur les rives du Diahot, que les embarcations remontent facilement sur une longueur de dix milles.

Pour arriver à Poëbo, on cotoie un rivage hérissé de montagnes, coupées de vallées profondes. Dans l'intérieur, des collines à pentes arrondies étalent leurs lianes et leurs arbres de haute futaie, au pied desquels dans l'épais humus végétal serpentent les filets d'eau vive, — charmantes oasis où les indigènes ne rêvaient que des festins de cannibales.

Le *Kaori* (pin colonnaire), y acquiert des proportions colossales. On en tire de la résine et on le transforme en pirogues.

Dans la baie du sud, les eaux thermales s'élèvent à 33° cent., tandis que l'air ambiant reste à 26° cent. Elles contiennent du bi-carbonate de magnésie.

Poëbo est une grande tribu installée sur une plaine importante, formée par les dépôts alluvionnaires de cent petites rivières, et qui offre à l'œil émerveillé des allées de cocotiers innombrables.

Trois gendarmes gardaient les mines; deux furent massacrés avec un colon et deux enfants, et les demeures des colons furent pillées. On ne fit aucun mal aux missionnaires; les indigènes les croient ennemis des militaires, et les estiment pour leurs travaux agricoles et leur commerce, tandis que les soldats leur apparaissent comme d'avides et impitoyables conquérants.

En 1856, cette tribu comptait 1,500 habitants; en 1864, 800 à peine. A Balade, il en est de même, et les nouveaux-nés sont tous mâles. A l'île Ouen, en 1865, de 130 le chiffre des indigènes est descendu à 95; les mariages sont généralement stériles, et les adolescents y meurent comme les vieillards. M. Garnier croit qu'il faut attribuer surtout cette mortalité à la négligence des Européens pour cette race. Dans la saison des pluies, les indigènes sont atteints d'une forte bronchite, se ceignent les reins avec une liane et attendent la mort dans leur case. Leur médecin, une femme hideuse ou un vieillard crédule, les saigne aux pieds, aux omoplates et à la tête; il leur frictionne la poitrine jusqu'à ce que les os craquent et leur fait avaler de véritables cuvées de tisane; s'ils restent trois jours sans manger, les parents les achèvent, les pleurent et les inhument.

Certes, ce n'est pas la privation de nourriture qui les rend phtisiques : ignames, taro, cannes à sucre, bananes, poissons, tortues, ne manquent pas. Mais le gin, le brandy, et surtout le tabac, leur première passion, les tuent peu à peu. On ne s'en préoccupe pas cependant.

Ajoutons que l'impression produite sur ces êtres fiers par l'arrivée des blancs les mine sourdement, en les refoulant dans leurs montagnes, et que la phtisie semble être devenue héréditaire dans ces parages.

A Nakéty et Kanala, le sol est plus riche, le cocotier moins rare, mais l'*éléphantiasis*, enflure hideuse, fait de nombreuses victimes.

Houagap est sur une plage baignée par la Tiwaka, qui traverse une vallée habitée jusqu'à sept lieues à l'intérieur. Le port est vaste. Les missionnaires étaient bien établis à Houagap quand les naturels assiégèrent, en 1862, la Mission. Dix hommes et un sergent, accourus de Kanala, arrivèrent au môment où un armistice venait d'être conclu. Le brick, *la Gazelle*, à la vue des plantations détruites et des églises violées, voulut punir les tribus rebelles et les décima.

Hienguène est protégé par des rochers immenses, dont l'un a reçu le nom de *Tour de Notre-Dame*, à cause de sa forme, et qui abritent de profondes grottes de calcaire marmoréen. Le port est petit, mais sûr. C'était jadis le centre d'une tribu riche. Un chef légendaire, Bouarate, ayant tué quelques Kanaks convertis, fut pris et resta cinq ans captif à Taïti. Au retour, il reprit le commandement de sa tribu et l'exerce encore. Il sait le taïtien, l'anglais et le français.

Le village est composé de maisons en forme de ruches, surmontées de coquillages, ne possédant qu'une ouverture étroite et basse. On remplit le soir les cases de fumée pour chasser les moustiques, et l'on s'endort sous un brouillard épais, qui asphyxie si l'on n'a soin de rester étendu. L'intérieur de l'appartement est doublé avec l'écorce lisse et imperméable du niaouli, l'extérieur est recouvert de chaume. Les Hienguénois passent des journées entières accroupis sur leurs talons ou nageant dans l'eau. Leurs jambes sont grèles, leurs mollets hauts.

Le cap Colnett, le premier vu par Cook, fut ainsi nommé par le volontaire qui le signala.

\*
\*\*

L'espace nous manque pour décrire en détail les mœurs des Néo-Calédoniens, mœurs bestiales et sauvages, d'où les Européens chassent peu à peu l'antropophagie, l'assassinat, l'avortement et la polygamie. Nous devons donc à regret nous borner à signaler ici les danses grotesques et furibondes, connues sous le nom de *pilou-pilou*, et qui sont l'accompagnement obligé de la récolte des ignames et de toutes les fêtes océaniennes.

Le colon Néo-Calédonien partage ainsi sa journée : à six heures du matin, il prend le thé ou le café, avec du lait et du biscuit, et se rend au travail ; à dix heures, thé, biscuit, bœuf salé, patates, riz;

à deux heures, dîner ; à six heures et demie, souper. La conque marine du cuisinier ou *cook* annonce chaque repas. Maître (*squatter*) et employés (*stockmen, stock-kepeers*, etc.) vivent sur un parfait pied d'égalité, travaillant et mangeant ensemble. Le soir, on boit le grog au gin et on fume de concert, lisant et causant. Près de l'habitation principale est la cuisine, confiée d'ordinaire à un Kanak ; autour des logements règne une barrière renfermant cinq hectares environ, et appelée *paddock*, dans laquelle errent les chevaux de selle et les bœufs de travail. Les bains journaliers semblent excellents pour les habitants et surtout pour les voyageurs ; aussi ne s'en prive-t-on pas dans ces parages, où les cascades retombent en pluie bienfaisante et réparatrice. N'oublions pas la manière dont on fait cuire le gibier : on creuse un trou en terre, on y allume un grand feu, dans lequel on dépose de gros galets ; on enveloppe pigeons ou taros de feuilles de bananier ; on les met dans le trou, au milieu des cailloux rougis, et on recouvre de feuilles et de terre. Au bout de peu de temps, on retire un rôti succulent et appétissant, dit-on.

*
★ ★

Nous empruntons à M. Urbain Fages, du *Soir*, le résumé d'une étude consacrée à l'essai de socialisme, tenté à YATÉ, il y a huit ans.

« Le gouverneur voulait avec raison pousser les nouveaux arrivants vers l'agriculture; pour atteindre ce résultat il compta sur le socialisme.

« L'essai fait, en 1864, à la Nouvelle-Calédonie, fut une tentative de communisme tempéré. Un arrivage d'immigrants européens venait d'avoir lieu. Vingt de ces nouveaux débarqués ayant justifié de leur connaissance d'un métier furent associés par le gouverneur, et reçurent en propriété commune, à titre de concession gratuite, trois cents hectares d'excellente terre dans une vallée à l'écart d'autres établissements. Bétail, semences, instruments aratoires, volailles, etc., toutes les avances nécessaires à l'exploitation furent faites par l'administration. Pour maintenir quelque émulation parmi les associés, les bénéfices futurs avaient été divisés en deux parts : l'une, distribuée en portions égales ; l'autre, appliquée à chacun au prorata des journées de travail. Malgré ce sage tempérament apporté à la rigueur du principe, le communisme renferme en lui un vice tel, que l'association ne tarda pas à se dissoudre, chacun préférant travailler pour son compte personnel.

« S'il est vrai que le chef de l'Etat voyait sans déplaisir l'expérience lointaine de ces réformes sociales, et que les idées professées par le gouverneur n'avaient pas été sans influence sur sa nomination, il n'est pas moins exact de dire que l'administration centrale n'y était pas sympathique, et réagissait autant que le permettait la crainte de déplaire. »

Les indigènes de BALADE recoivent les voyageurs avec la franchise et la cordialité la plus expansive.

Dans cette région, les Néo-Calédoniens mangent parfois de la terre sans saveur, nommée *payoute*, et se convertissant en

poussière sous la dent, comme les stéa-
tites. C'est une sorte de silicate de magnésie, coloré en vert probablement par
quelques parcelles de cuivre, et associé
à des roches étincelantes de grenats et
de beaux cristaux de mica vert de chrome et de feldspath.

Un quartz très-pyriteux se rencontre
à PANIÉ, dans une plaine vaste et fertile,
où les navires de petit tonnage peuvent
seuls pénétrer.

La rivière de Ti-Houaka vers Poimbey,
offre une magnifique cascade, où l'eau
majestueuse se précipite d'une hauteur
de douze mètres eutre deux énormes rochers de marbre violet et verdâtre.

Nous voudrions parler ici des îles Né-
NÉMA et des archipels du Nord ; mais
nous sommes forcé, bien à regret, de
nous borner à quelques indications sur
la côte occidentale et sur la côte nord-
ouest de la Nouvelle-Calédonie.

Le PONT-DES-FRANÇAIS a été élevé en
1859, sur le cours d'eau le plus rapproché
de Nouméa et sert de but de promenade
aux citadins. Dans la Mission de Saint-
Louis, fondée par le P. Rougeyron en

1850, le provicaire apostolique a établi sa résidence sur un monticule, entouré de plantations et de cases d'indigènes : c'est la CONCEPTION. Dans la plaine bien arrosée, paissent de nombreux troupeaux. Une scierie mécanique fournit les planches au chef-lieu ; on y construit même des goëlettes.

Les collines qui entourent la Dumbéa sont couvertes de pâturages herbeux, et des Allemands et des Irlandais ont bâti un village complet auprès de Païta, sur les bords de la Kataramonan. Patientes et laborieuses, ces familles européennes, misérables d'abord, ont peu à peu défriché le sol, semé du maïs et planté des légumes et des céréales, élevé des vaches, des poulets et des canards, créé des vergers et jouissent aujourd'hui d'une parfaite aisance ; leurs nombreux enfants saluent les étrangers en kanak, en anglais, en français et en allemand. Elles possèdent une école et une chapelle où protestants et catholiques viennent prier le dieu des chrétiens.

On chasse dans ces parages le bœuf

sauvage, ni plus ni moins qu'à Buenos-
Ayres ou en Australie. Cette chasse ou
*muster*, annuelle ou semestrielle, a pour
but de castrer les mâles, et de compter les
troupeaux.

A de vastes plaines de hautes et gras-
ses herbes, succèdent de charmantes oasis, abritées par de gigantesques banians, de superbes baucouliers, des ta-
manous, hauts et droits comme nos pins,
de longues tiges de niaouli et de bois de
fer (*casuarina nodosa.*)

Le niaouli (*melaleuca viridiflora*), l'arbre
le plus abondant et le plus utile de la colonie, a le tronc d'un blanc salé, courbé
et tordu, rarement droit, et sert aux travaux d'ébénisterie, de charronnage et de
charpente. Il est excellent pour les pilo-
tis. Son écorce blanche, formée de feuilles minces et transparentes superposées,
s'enlève par plaques; on en tapisse l'intérieur des maisons. Son tissu résineux
permet aussi d'en faire des torches. Les
feuilles distillées donnent 2 0⁄0 en poids
d'une huile volatile à peu près identique
à l'huile de cachepu, et pouvant rempla-

cer l'huile de lavande. On l'obtiendrait à
2 ou 3 fr le kil.

Le sandal, à peu près disparu, repous-
serait facilement : à Port-de-France, il se
vend couramment 2 fr. le kil., débarrassé
de son aubier.

KANALA est situé au fond d'une baie
découpée et profonde. De hautes montagnes environnent la vallée parfaitement
arrosée et abritée par des forêts de cocotiers.

On y compte des maisons confortables,
et les colons s'y livrent à la culture du
riz et des ignames. Le caféier a fait son
apparition dans les plaines de Kanala et
de Nakéty et sur d'autres points.

\*
\* \*

L'ILE DUCOS. — La côte occidentale de
la Nouvelle-Calédonie possède une baie
magnifique, longue de sept lieues.

La baie Saint-Vincent est préservée à
l'ouest contre les flots du large par quelques îles dont les plus importantes sont
les îles Hugon, Ducos et le Prédour, et

forme un immense bassin naturel, d'où, grâce aux passes situées l'une à l'O.-N.-O., et l'autre au N.-S.-E., les navires peuvent sortir presque par tous les vents.

L'île Ducos est une des plus vastes de de la colonie ; elle possède d'excellents bois, un ruisseau et un petit port dont le mouillage est très-sûr.

Le sol y est principalement formé de calcaires, poudingues et porphyres ; on y remarque une *grauwake* contenant des *brachiopodes roulés* qui ne s'élève que de quelques mètres au-dessus du niveau de la mer et des roches stratifiées pleines de fossiles curieux et intéressants. Au milieu des wakes et des porphyres, M. Jules Garnier a rencontré le cuivre dans des filons de chaux carbonatée, et l'on rencontrera plus d'un gisement de cuivre exploitable et de baryte sulfatée.

Dans le nord, les assises de calcaire gris de fumée paraissent contenir de la glauconie. Sur la côte occidentale, se montre un porphyre euritique vert. Quant aux plages, elles sont encombrées par le palétuvier, dont le pied est au niveau de la mer, et le tronc maintenu en l'air par de nombreuses racines très-minces, baignant dans l'eau où elles s'enchevêtrent et forment un obstacle souvent impénétrable à l'homme. Ces racines retiennent au milieu d'elles tous les détritus qu'y amènent les pluies. Le sol s'élève peu à peu ; l'arbre meurt alors et s'avance vers le large, agrandissant les rivages. Le bois sert au chauffage et contient beaucoup de tan ; les fruits, peu savoureux, sont pourtant comestibles.

Les moutons viennent bien sur cet îlot, n'y contractent jamais le piétin ; et l'*andropogon*, regardé comme nuisible aux bêtes à laine, peut être consommé en petites tiges ou brûlé monté en graines. Les porcs sauvages y abondent ; ce sont « les babiroussa, » presque redoutables. On y trouve aussi des bœufs si farouches qu'on ne peut les approcher.

Quand M. Garnier visita l'îlot, il y trouva un vrai Robinson anglais, M. G. Martin, en compagnie de Kanaks des Nouvelles-Hébrides, et qui avait trouvé moyen, en quelques années, de donner une valeur de soixante-douze mille francs à un troupeau de quatre cents brebis qui, achetées à Sydney, lui étaient revenues à dix mille francs seulement.

Comme toute médaille à son revers, il faut bien avouer que la sardine, surtout pendant « la floraison » du corail, y est vénéneuse.

Cinq hommes du *Catinat* moururent empoisonnés par la sardine, et tout l'équipage du *Marceau*, en 1866, fut gravement indisposé pour avoir mangé une « bécune » pesant dix kilogrammes.

Ne pouvant donner un Guide-Joanne de notre colonie, nous devons borner ici la partie descriptive de cette étude.

\*
\* \*

La campagne, presque partout fertile, n'exige qu'un travail modéré, contrairement à ce qu'ont dit plusieurs journaux. Les herbes une fois brûlées, s'il survient un peu de pluie, la charrue entre profondément dans le sol, qui n'a pas besoin d'autre préparation.

Le défrichement d'un hectare, y compris les dépenses nécessaires pour le planter en cannes à sucre, en coton ou en café, et entretenir la plantation jusqu'à la récolte, ne coûte pas à forfait plus de 520 francs; le produit net atteint de 1,200 à 1,800 francs.

Les indigènes se contentent de remuer la terre avec des pieux effilés, les femmes écrasent les mottes avec une masse en bois.

Les productions végétales naturelles sont : l'igname, le taro, c'est-à-dire les aroïdées, la patate douce, la canne à sucre, la banane et la noix de coco.

La culture de la canne à sucre a donné un rendement moyen de 5 à 6 tonnes par hectare. La plantation dure 7 ans, fournit 4 récoltes et produit annuellement 700 francs par hectare. La manipulation donne le même résultat de 5 à 6 tonnes per hectare, c'est-à-dire net 640 francs.

Un hectare de coton longue soie produit 1,460 kil. de coton brut, 267 de coton net, et un rendement en argent de 1,141 francs, tous frais déduits; le coton jumelle 367 fr. 50 en moyenne; mais les bras sont rares.

La noix de coco est à peu près l'unique nourriture des Océaniens.

Pour fabriquer l'huile de coco, ils râpent à la main l'amande de ce fruit sur une des extrémités d'un cercle en fer barrique, limé de façon à offrir trois ou quatre dents. La râpure tombe dans la partie supérieure d'une auge inclinée et s'amoncelle. On laisse fermenter ; alors l'huile se sépare et descend à la partie inférieure, où on la recueille. La râpure, au bout de trois ou quatre jours, est presque desséchée ; on la jette, bien qu'elle contienne encore de l'huile que la compression pourrait facilement faire couler dans l'auge.

Un Kanak peut râper dans une seule journée 500 noix de coco, et en tirer 33 livres d'huile, représentant une valeur de 16 fr. 50 à Nouméa et de 33 fr. à Sydney. M. J. Garnier assure que le produit annuel d'un cocotier, tous frais déduits, atteint 3 francs ; pour Bualabio seulement, — qui contient 12,000 pieds de cocotiers, — le revenu dépasserait 36,000 francs, et ce revenu pourrait être doublé par une fabrication un peu moins primitive.

Les tabacs peuvent rivaliser avec ceux

de la Réunion. On y consomme 27,000 kil. de tabac au moins ; hommes, femmes, enfants fument. Un hectare de terrain peut contenir 10,000 pieds et rendre 750 kil. de tabac.

Comme le quinquina, le café vient très-bien. Les maristes seuls en ont 2,500 plants à Conception, dans la baie de Boulari, au N.-E. de Nouméa.

La ferme-modèle en met 6,000 graines à la disposition des colons.

Les légumineuses et les fourragères d'Europe s'y acclimatent sans efforts.

La vigne, qui pousse trop vite du reste, y donnerait deux fois du raisin, en janvier et en août.

On pourrait y élever des vers à soie pendant toute l'année.

Les graines oléagineuses ne manquent pas, surtout les ricins et les noix de bancoul.

Les plantes tinctoriales sont variées et abondantes et peuvent être utilisées en médecine.

Les plantations de cannes avaient été ravagées par les sauterelles durant ces dernières années. Les mesures prises pour combattre le fléau, jusque-là inconnu dans la colonie, furent d'abord insuffisantes ; mais les fossés creusés de façon à inonder les nids, la crémation des brousses et surtout les mille merles-martin apportés des Moluques semblent avoir produit un excellent résultat, et les récoltes promettent d'être à l'avenir à peu près préservées de ces nuées d'insectes dévastateurs.

A la date du 17 août dernier, on écrivait de Nouméa que les mauvais traitements et la nourriture insuffisante dont souffrent les engagés indiens et africains occasionnaient de nombreuses désertions parmi eux. Déjà, par deux fois, les travailleurs de la plantation Kervéguen avaient fui en masse. On les faisait traquer par les sauvages moyennant des primes de capture, et le gouvernement colonial avait dû expédier des avisos de la station de Nouméa pour ramener les fugitifs de divers points des côtes.

Les paturages sont excellents ; mais les indigènes n'aiment pas élever les bestiaux, hormis le porc qu'ils consomment.

Certainement cette répugnance et surtout la rareté de la viande de boucherie contribuent à perpétuer chez eux le cannibalisme qui tend chaque jour à disparaître.

Les bêtes à cornes, les moutons, les bœufs, les chevaux, les ânes et les gallinacées prospèrent chez les missionnaires et chez les colons.

A côté de Conception au N. E. de Nouméa, se trouve l'établissement de M. Joubert de Sydney, qui avait obtenu en 1858, une concession de 4,400 hectares. M. Joubert avait emmené avec lui vingt familles. Ses deux fils se sont partagé le territoire concédé, l'un possède 1,900 pièces de bétail, l'autre a monté un moulin à cannes pour utiliser sa récolte.

A Payta, M. Paddon obtint une concession équivalente; il y amena vingt familles allemandes et anglaises et donna à chacune d'elles 20 hectares. Toutes sont dans l'aisance, aujourd'hui.

M. Duboisé, de la Réunion, cultive 500 hectares.

Une ferme-modèle a été créée à 12 kilomètres de Port-de-France.

Voilà pour l'agriculture. Quant à l'industrie indigène, elle consiste dans la fabrication des filets, des frondes, d'armes en bois et en pierre pour la pêche et la chasse, d'étoffes et de poteries grossières.

On trouve encore des cétacés sur les côtes, mais rarement des baleines; des huitres perlières de petite dimension, des nautiles à cloison nacrée, des tortues *ox bill green* des Anglais. La biche de mer ou holothurie, comestible fort recherché des gourmets chinois sous le nom de TRÉPANG, abonde sur les récifs. Il appartient à une nombreuse famille d'êtres modestes assez semblables à de gros vers disgracieux, dont la longueur varie de quelques centimètres à un mètre. C'est une grosse masse charnue affectant la forme d'un cylindre, long de douze à quinze centimètres, épais de trois ou quatre, et chez lequel on ne distingue à l'extérieur aucun organe.

Tout le monde a lu, que la pêche du trépang exigeait autant de patience que d'adresse, et que les Malais, — qui équipent à chaque mousson d'ouest (octobre et novembre) des milliers de jonques pour aller récolter ce zoophyte sur les côtes semées d'écueils du détroit de Torrès, — étaient obligés de plonger ou de draguer à de grandes profondeurs. Mais M. J. Garnier a pu se convaincre que, dans les archipels du Nord, il suffisait de se transporter sur les bas récifs à la marée basse et de ramasser le trépang à deux mains pour en remplir des paniers entiers.

La pêche faite, on jette l'holothurie encore vivante dans une chaudière d'eau de mer brûlante et on agite le liquide avec une spatule en bois. Puis, on ouvre le trépang dans sa longueur pour le vider, et, au moyen de deux petites baguettes en croix, on empêche les parties séparées de se réunir. Ainsi préparé, le futur comestible est étendu sur des claies; au-dessous brûle un feu modéré qui dessèche sans flamber. Une fois sec, on le divise en cinq catégories, suivant sa taille et sa couleur.

A Nouméa, la dernière qualité vaut de 12 à 1600 francs la tonne; la première atteint 2,100 francs. En Chine, ces prix sont presque doublés. En moyenne, chaque trépang vaut 20 centimes, et notre voyageur a vu un insulaire en ramasser pour une valeur de 100 francs dans sa journée, en cotant ce poisson au prix de Nouméa. Il est vrai que l'on ne peut descendre sur les récifs que par les temps de mer calme.

Outre le premier pénitencier fondé à l'île Nou, on en a créé à Païta, à Kanala, à Lifù, où sont établis les condamnés indigènes aux travaux forcés, et à Bouraï.

La dépense du service de la colonie s'élevait, en 1864, à 1,300,000 fr. seulement. Il y avait 904 hommes de garnison, dont 292 disciplinaires coloniaux.

On compte déjà quatre infirmeries, dont une à Kanala et une autre à Wagape, outre le bel hôpital de Port-de-France qui peut recevoir 40 malades.

La station navale se compose d'un aviso à vapeur et de 4 goëlettes à voiles. Des postes militaires sont établis à Nouméa, à Bouraï, à l'île Nou, à Païta, au Port-la-Guerre, Gatope, à Wagap, à Coétempoé, à Ouvanon, Bonlé, Oubatche, Kanala, Yaté, Nakety, dans la baie de Prony, à l'île des Pins et dans l'île Lifù.

Quelques routes sont déjà en voie de construction, de Nouméa à Païta, à Ouémo, à l'anse Vasa, à Payta, au Mont-d'Or, à Boulari, du Port-des-Français au Mont-d'Or et d'Ouraï à Bouraï.

\* \*

Le temps des récriminations est passé : aussi ne parlerons-nous que pour mémoire de l'administration qui a présidé aux destinées de notre colonie jùsqu'à la chûte de l'Empire.

Nous ne voulons que constater les progrès réalisés depuis deux ans, époque à laquelle on comptait déjà 30,000 hectares loués, vendus ou donnés.

En 1862, un arrêté du gouverneur Guillain divisait le territoire en terrains réservés, destinés à devenir communaux, bons à être vendus aux enchères, et enfin en terrains laissés disponibles pour être vendus ou loués de gré à gré.

Les terrains à vendre à prix fixe formaient des lots de 5 à 600 hectares, à

10 francs l'hectare au minimum. Le quart de la valeur de chaque lot devait être déposé à l'avance au trésor. Le prix était exigible un quart comptant, le reste dans les six mois qui suivaient la vente.

Ceux à vendre aux enchères comprenaient des lots de 1 à 500 hectares, dont le montant était payable comme celui des terrains à prix fixe.

Les marins et militaires congédiés qui désiraient s'établir dans la colonie obtenaient, contre une promesse de résidence de cinq ans, des bons de 150 francs, représentant des concessions gratuites de même valeur. Il en était de même pour les émigrants venus sans engagements et pouvant exercer une profession utile.

Les officiers civils et militaires ou assimilés, avaient droit à une concession gratuite représentée par un bon de terre de 500 francs.

Tout locataire jouissait du droit de préemption, — en cas de vente à l'expiration de son bail — du terrain qu'il occupait.

Il n'y avait pas de vente de terrain

urbain à prix fixe. Une moitié de la superficie totale des villes devait être vendue aux enchères.

L'exploitation des bois et carrières, appartenant au domaine colonial, était régie par des cahiers des charges spéciaux.

La propriété foncière était soumise à un impôt de 1 pour 100 sur la valeur des propriétés rurales et de 2 pour 100 pour les propriétés urbaines.

Tout concessionnaire ou acheteur devait faire lever à ses frais un plan de sa nouvelle propriété.

Pendant cinq ans, à partir de l'aliénation par le domaine, les propriétaires des biens ruraux étaient tenus d'abandonner à l'État les terrains nécessaires à l'ouverture de routes, chemins, canaux et aqueducs et d'en laisser extraire les matériaux nécessaires à l'entretien des routes, sauf à être indemnisés pour carrières ouvertes ou terres cultivées.

La colonie a successivement été gouvernée par MM. Febvrier-Despointes (24 septembre 1853), Tardy de Montravel, du Bouzet (1854-1858), Saisset, Durand et Guillain.

Depuis la nomination du nouveau gouverneur, M. G. de la Richerie, les conditions générales de l'île se sont très-heureusement modifiées. Les règlements restrictifs accumulés par son prédécesseur, les essais de communisme rural de Yaté et le fonctionnarisme, n'étaient point faits pour attirer les colons ; on s'en est aperçu à temps.

Le 26 septembre 1870, une proclamation appelait les colons à former une assemblée coloniale consultative, à laquelle seraient soumises toutes les questions relatives à l'impôt et à la dépense. Bientôt un contrat entre le ministre de la marine et un négociant, relatif à 6,000 hectares, contrat muet sur les clauses résolutoires administratives, et la démission du secrétaire colonial, prouvèrent aux colons que l'on entrait peu à peu dans une voie de justice et de liberté.

Les obligations des condamnés travaillant chez les colons, c'est-à-dire des engagés, se réduisent à faire le travail qui leur est commandé, à porter le costume des pénitenciers et à observer comme eux les règlements relatifs à la coupe de la barbe et des cheveux. L'engagiste ne doit réclamer qu'un travail normal, payer 12 fr. par mois, dont 6 fr. au pénitencier et 6 fr. à l'engagé ; fournir à ce dernier un moustiquaire, un matelas et une couverture dans un logement sain.

Un arrêté du 27 octobre 1870, fixe à dix le nombre des condamnés mis à la disposition de chaque colon ; excellente mesure qui encourage la création de la petite propriété.

Le 8 décembre, « le gouvernement local » autorisait la nomination d'une commission municipale de trois membres, appelée à délibérer sur les intérêts de la localité, en attendant l'érection régulière en commune.

Le 11 décembre, le *Journal officiel* annonçait que la demande de création d'un conseil général était prise en considération.

Le produit des impôts a dû atteindre, en 1871, 300,000 fr., et le total des recettes a dû dépasser sans aucun doute *sept cent cinquante mille francs,* au lieu de se borner à *quatre cent quatre-*

*vingt-dix mille francs* comme en 1870.

Sur le budget de l'année dernière, il y a eu à payer un personnel dont les émoluments montaient à 25,000 fr. environ. L'excédant aura donc pu être employé en améliorations locales.

On peut déjà prévoir l'heure prochaine où notre colonie, comme la Cochinchine, payera une subvention à la métropole.

Notons enfin le décret du 26 janvier 1871, qui restera à jamais célèbre dans les annales de la colonie.

Il établissait :

1° Que toute personne qui voudrait acheter ou louer de la terre en Nouvelle-Calédonie, l'obtiendrait sur sa demande alors même que le plan de cette terre n'aurait pas encore été levé ;

2° Qu'il lui serait accordé de suite, sur sa demande écrite ou verbale, un permis provisoire d'occuper ;

3° Que ce permis provisoire d'occuper entraînerait avec lui, au profit du colon ou à son choix, promesse de location ou de vente ;

4° Que le titulaire du permis serait

soumis à une redevance de 1 fr. par hec
tare de terre et par an ;

5° Que les droits résultant de ce permis seraient transmissibles.

Le prix de ce permis d'occuper est fixé
à 10 francs. C'est le seul impôt nouveau créé dans la Nouvelle-Calédonie.

Convaincu que le crédit des mesures
administratives vient de la certitude des
droits et des garanties dont elles sont le
principe, le gouvernement local procla-
mait son désir de favoriser la colonisation avant tout, les autres intérêts ne
devant venir qu'ensuite.

Les permis provisoires avaient fait place
aux nouveaux permis d'occuper, qui
sont — au gré du colon — des promesses
de bail ou de vente.

L'administration a prudemment agi
en déclarant qu'elle s'en remettait à l'é-
quité et à la sagesse des colons et qu'elle
les laissait libres de débattre les contrats
avec les indigènes, se réservant seulement de répartir entre les terres rive-
raines la jouissance des eaux et d'insti-
tuer un personnel d'arpenteurs jurés pour
établir les plans du cadastre.

Enfin, la colonie a été autorisée à émettre un million de bons du trésor de 1,000, 500, 100, 50, 20, 10 et 5 francs.

\*
\*\*

A la date du 1er janvier 1872, Nouméa seule avait un bureau de distribution de lettres. D'autres bureaux étaient établis au Pont-des-Français, à Païta, Coétempoé, Bouloupari, Ouraï, Bouraï, Kanala, Oubatche et Lifù.

Un service à vapeur entre Nouméa et Sydney fut mis en adjudication. En 1870, on comptait 28,200 dépêches échangées et 12,700 paquets de journaux.

Les lettres affranchies payent 70 centimes par 10 grammes ; non affranchies 80 centimes ; chargées 1 fr. 40 centimes. Les militaires, les marins et les transportés de la colonie pénitentiaire peuvent seuls recevoir des mandats sur la poste. Avec les navires, les lettres non affranchies coûtent 40 centimes, affranchies 30 centimes seulement. La taxe, dans la colonie, est fixée à 25 centimes et les journaux jusqu'à 40 grammes

10 centimes. Le service postal ne tardera pas à être entièrement régularisé.

Les ports sont déclarés ports francs, et les navires n'y payent qu'un droit de pilotage. Les importations : bœufs, moutons, chevaux, farines, biscuits, haricots, sucre, café et charbon de terre, et les exportations : huile de coco, peaux de mouton et de bœuf, trépangs, écailles de tortue, bois de sandal et laine, n'y sont soumises à aucun droit de douane.

## PRIX DES DENRÉES A NOUMÉA

*Mercuriales du 1ᵉʳ novembre 1871.*

Ananas, le kil., 3 fr.
Asperges (paquet de 200 gr.), 1 fr. 25 c.
Aubergines, le kil., 90 c.
Beurre frais, le kil., 6 fr.
— salé, le kil., 4 fr.
Bière anglaise et française, 15 fr. les 12 bouteilles.
Bière brassée dans la colonie, 7 fr. 50 c. les 12 bouteilles.
Café, au détail, le kil., 3 fr.
Carottes et Choux, de 25 c. à 1 fr.

Choux-fleurs, de 2 fr. à 2 fr. 50 c.
Citrons, la douzaine, 25 c.
Dindons, pièce, de 12 à 15 fr.
Farine, le kil., 45 c.
Fromage d'Australie, 3 fr. 50.
— de lait, pièce, 50 c.
Graisse, le kil., 3 fr.
Haricots verts, le kil., 1 fr.
— secs, le kil., 60 c.
Jambon d'Europe, 4 fr.
Lait, le litre, 50 c.
Macaroni et vermicelle, le kil., 3 fr.
Maïs, les 100 kil., de 20 à 25 fr.
Morue salée, le kil., 2 fr.
Navets, poireaux, radis, ciboules, le paquet, 25 c.
Œufs frais, la douzaine, 2 fr. 50 c.
— d'Australie, la douzaine, 2 fr.
Oranges, la douzaine, de 1 fr. à 1 fr. 25 c.
Pain, le kil., 70 c. (aujourd'hui 50 c.).
Pigeons, le couple, 5 fr.
Poisson frais, le kil., 50 c.
— salé, le kil., 1 fr.
Pommes d'Australie, le kil., 1 fr. 50 c.
Pommes de terre, le kil., 30 c.
Poulets, pièce, 5 fr.
Riz, les 50 kil., 30 fr.

Salade (abondante), la pièce, 25 c.

Saucisson de Lyon, 10 fr.

Sucre brut de la colonie, le kil., 1 fr.

    —         —        en gros, 80 c.

    — raffiné, le kil., 1 fr. 80 c.

Tomates, le kil., 25 c.

Viande fraîche (bœuf, mouton et porc),
  1 fr. 50 c.

Viande salée (bœuf et mouton), 1 fr. 25 c.

    — (porc), de 1 fr. 50 à 2 fr.

Vins ordinaires, la barrique, de 220 à
  225 fr.

Vins ordinaires, les 12 bouteilles, 12 fr.

# LES PÉNITENCIERS

## ET

## LES ILES DE DÉPORTATION

—

Avant de parler des îles de déportation, nous rappellerons brièvement le régime auquel sont soumis les forçats dans la Nouvelle-Calédonie.

La transportation ou déportation, — appliquée depuis deux siècles par le Portugal dans le sud du Brésil, — n'était d'après la loi du 8 juin 1850, qu'une colonisation forcée, à l'instar de celle de l'Angleterre; une sorte d'évolution du droit criminel, où l'on espérait trouver le double avantage de donner à la sécurité publique des garanties plus sérieuses, de rendre la répression plus humaine et de la moraliser en l'utilisant au profit de la colonisation française.

Elle était combinée avec la peine des travaux forcés, comme tempérament, comme récompense du repentir. Ses conséquences étaient l'obligation au travail dans un établissement pénitentiaire, la privation des droits civils et politiques, l'assujetissement au code militaire.

Dès 1854, les forçats avaient la faculté de se rendre volontairement à la Guyane; plus de trois mille acceptaient cette permutation de peine. Employés aux travaux de terre et d'utilité publique, au bout de deux ans, ils avaient la faculté de travailler comme engagés hors des pénitenciers, de contracter mariage, d'obtenir des concessions de terrain. Au bout de dix ans, l'épreuve était terminée. Le condamné devenait colon, sa famille pouvait le rejoindre et il recouvrait une partie de ses droits civils; mais il demeurait rivé au sol de sa nouvelle patrie et sous le coup de la discipline militaire de la colonie. La chaîne, l'accouplement, le costume disparaissaient; on avait débarrassé la société métropolitaine d'éléments dangereux et menaçants; on récompensait le repentir; le double but de la nouvelle réforme était atteint.

Le 2 janvier 1864, le premier convoi de condamnés partait de Toulon pour la Nouvelle-Calédonie; le 9 mai, il arrivait à Nouméa.

Les transportés furent divisés en 4 catégories : la première, comprenant les meilleurs sujets destinés à devenir des chefs d'atelier et des ouvriers d'élite, premier noyau de la colonisation future; la seconde, composée d'individus dont les bonnes dispositions paraissaient pouvoir être appréciées après un certain temps d'épreuve ; la troisième, où étaient versés ceux qu'on ne regardait pas comme incorrigibles, mais dont la conduite laissait à désirer; enfin la quatrième, où étaient relégués les criminels endurcis et impénitents.

On les honorait du nom « d'ouvriers de la transportation ; » on les traitait en fils malheureux, qui, leur détention subie, bénéficieraient de l'oubli du passé et seraient complétement réhabilités. Il y a loin de là, comme on le voit, « à la guillotine sèche » de Proudhon.

Ce système humanitaire de réhabilitation par la douceur fut-il fécond en résultats? On va en juger par les statistiques suivantes :

Les meilleurs sujets étaient dirigés sur un centre agricole, Bouraï ; deux hectares étaient concédés provisoirement aux célibataires, 4 aux gens mariés et 6 à ceux qui avaient plus de deux enfants. Les déportés de la seconde série allaient à la ferme modèle d'Yahoué, pour y faire un stage mi-pénitentiaire et mi-agricole. Au sortir de la ferme, ils entraient chez des particuliers, et avaient droit à un salaire, de 40 c. par jour, sur lesquels ils percevaient 10 c. immédiatement. Notons que le contact des condamnés et des colons n'a jamais provoqué les conflits qu'on redoutait. Les condamnés de la troisième catégorie, au bout d'un an à l'île Nou, étaient envoyés dans les ateliers des services publics. Ils acquéraient un petit pécule. Les incorrigibles étaient internés à Kanala, avec le régime du bagne.

Le 1er janvier 1868, l'effectif des 967 transportés se divisait ainsi : 317 dans la 1re classe ; 290 dans la 2e ; 250 dans la 3e ; et 46 seulement dans la 4e. 56 avaient passé dans une classe supérieure, 42 avaient été renvoyés dans une classe inférieure.

Jusqu'en 1869, les concessionnaires avaient été occupés à défricher et à construire leurs cases, et la plupart des condamnés avaient dû travailler au grand pénitentiaire de l'île Nou, — qui doit loger 2,000 hommes, sans compter le personnel libre, civil et militaire, — à la création de routes ou à l'exploitation de bois de charpente pour les services publics.

En général, le travail est fait à la tâche. Un supplément de vivres paye naturellement le travail supplémentaire.

Les rapports officiels constatent que la discipline se maintient facilement dans les ateliers et que le nombre des punitions est sensiblement inférieur à celui de la Guyane.

La constitution de la famille ne date que de l'établissement du premier groupe de Bouraï. Les femmes éprouvèrent d'abord quelque répugnance à aller rejoindre leurs maris dans une colonie lointaine et inconnue; aujourd'hui on reçoit bon nombre de demandes de passage faites par des épouses ou des sœurs bien avant qu'il soit possible de les accueillir. Il est aussi question d'expédier à Nouméa des convois de femmes ; car, on ne doit pas s'y tromper, la famille est aussi favorable à la moralisation des condamnés qu'utile au progrès de la colonisation.

Déjà on compte des écoles et des bibliothèques. Deux instituteurs sont installés, l'un à l'île Nou, l'autre à Bouraï.

Noüs rappellerons encore que le nombre des condamnés embarqués pour la Nouvelle-Calédonie, de janvier 1864 à décembre 1867, s'élevait à 1,550 ; au 1er janvier 1868, 61 étaient morts, 10 disparus, 1 rapatrié et 11 libérés astreints à la résidence. 967 étaient présents à la colonie. 534 habitaient l'île Nou, 39 étaient au dépôt de correction, 38 à Bouraï, 61 à Yahoué, 64 chez les colons, 92 sur la route de la Vallée des Colons, 58 sur la route de la Vallée du Sud, 32 employés à l'exploitation du bois dans la baie de Prony, 20 à la direction d'artillerie, 5 à la construction des postes à Poébo, 13 au jardin d'Acclimatation, 5 à l'hôpital de Nouméa en qualité d'infirmiers.

La mortalité avait été de 8 o/o en 1864 de 4 o/o en 1865, de 1, 2 o/o en 1866, et de 4, 2 o/o en 1867.

La moyenne des punitions avait varié de 42 par cent, à 55, puis à 50 et enfin à 40.

La ration des transportés est fixée à : 750 gr. de pain ou 550 de farine ou de biscuit ; à 0,23 centilitres de vin et à 0,06 centilitres de tafia, de deux jours l'un ; à 250 gr. de porc deux fois par semaine, ou de bœuf trois fois par semaine, ou à 180 gr. de porc salé quatre fois par semaine ; à 140 gr. de légumes secs, ou à 0,080 de riz; à 0,009 gr. d'huiles d'olives 0,015 gr. de saindoux ; à 0,022 gr. de sel ; à 0,025 c. de vinaigre ; à 0,020 gr. de café et à 0,025 gr. de sucre. Cette ration se divise inégalement en trois repas.

Au 1er janvier 1867, les condamnés à temps de la première classe se divisaient ainsi : 29 au-dessous de 2 ans, 52 de 2 à 4 ans, 98 de 4 à 6 ans, 171 de 6 à 8 ans, 131 de 8 à 10 ans, 111 de 10 à 15 ans, 129 au-dessus de 15 ans.

On comptait parmi eux : 70 ouvriers en bois, 58 ouvriers en fer, 6 mécaniciens, 16 tailleurs, 41 cordonniers, 2 chapeliers, 95 maçons ou tailleurs de pierres, 428 manœuvres, 189 exerçant des professions diverses, et 73 sans profession.

Enfin, en examinant le travail annuel des grâces, le département de la justice a constaté à plusieurs reprises que, parmi les individus recommandés à la clémence du souverain, figuraient bon nombre de coupables notés jusqu'alors dans les prisons de France comme dangereux et incorrigibles.

Où trouver une preuve plus éloquente de l'action exercée par le régime de la transportation sur l'état moral des condamnés?

\* \*
\*

L'île des Pins et l'île Maré ont été désignées par la loi comme lieux de déportation simple ; la presqu'île Ducos, comme lieu de déportation dans une enceinte fortifiée.

Devançons les déportés politiques dans les futurs pénitenciers de la Nouvelle-

Calédonie, après avoir dit toutefois que la durée du voyage par voiliers, de France à Nouméa, est en moyenne de 100 à 110 jours, et que par le détroit de Torrès et le canal de Suez et par navire à vapeur, elle ne dépasse pas 45 jours. La société péninsulaire en met 55. Sur les paquebots français partant de Bordeaux et du Havre, nourriture comprise, on peut faire la traversée jusqu'à Melbourne, à raison de 400 fr. et 125 fr. de Melbourne à Nouméa. Le service de transports des familles d'émigrants va réduire ces prix de 525 fr. à 400. Les enfants de un à 12 ans payent demi place ; les voyageurs ont droit à 100 kil. de bagages.

*
* *

L'ILE DES PINS (Kunié des indigènes) est séparée par un bras de mer de dix lieues de la pointe sud de la Nouvelle-Calédonie, dont elle dépend comme les îles Huon et de la Surprise, le groupe de Belep, celui des Nénéma, les îles Pam, Uen, Nou ou Dubouzet, du Pin et quelques îlots sans importance.

La population ne dépassait pas 800 habitants gouvernés par la fille d'un ancien chef de tribu, installée dans une prétentieuse chaumière du village d'Ischaa. Elle a diminué depuis l'arrivée des Européens, qui ont apporté dans l'île le germe de nombreuses maladies.

La zone du littoral présente une succession de prairies étroites, mais fertiles et parfaitement arrosées. Le reste n'est guère qu'un immense plateau ferrugineux, commandé par le pic de Niga, haut de 266 mètres.

La superficie totale atteint 13,000 hectares et la circonférence 62 kilomètres.

L'évasion y sera à peu près impossible grâce à l'éloignement de la terre ferme et à la situation du plateau dont le sommet s'aperçoit de dix lieues en mer.

Jusqu'ici il n'y a pas eu d'établissement militaire, mais une grande station de missionnaires qui a recueilli, — non pas 1,500 indigènes comme l'a dit M. Marchand, mais bien seulement 800 indigènes catholiques, — transportés naguère de l'île Maré et que l'on pourrait reporter ailleurs, à Lifu par exemple.

L'île des Pins compte donc aujourd'hui un peu plus de 1,600 habitants. Les Mariens une fois partis, le territoire suffirait largement aux déportés et à leurs familles.

Malgré sa proximité de la Nouvelle-Calédonie,—20 lieues de Nouméa, et dix lieues de la grande terre, l'île des Pins n'offre déjà plus d'une façon sensible les mêmes conditions de climat, de faune et de flore. La température y est plus basse et plus régulière encore, l'air pur et sec, la pluie fréquente mais de peu de durée. Les orages y sont à peu près inconnus et l'on n'y rencontre pas de marais, quoiqu'on ait pu lire dans un journal, ces lignes de M. Dauzic, de Bordeaux, qui, débarqué à la Nouvelle-Calédonie le 16 septembre 1859, affirme être resté trois ans dans la colonie :

« Les seules îles sérieusement colonisables et cultivables en dehors de la grande terre sont les Loyalty. L'île des Pins a été autrefois le chef-lieu des missions Néo-Calédoniennes. Les difficultés d'abordage et surtout les *fièvres paludéennes* qui y règnent pendant trois ou quatre mois de l'année ont forcé les missionnaires à émigrer. »

Pas de marais, partant pas de moustiques, — ce fléau des terres les plus luxuriantes, qui ne disparaît malheureusement pas avec la culture.

M. J. Garnier dit « qu'on y trouve le climat le plus sain et le plus agréable peut-être qu'il y ait au monde.» Les bêtes à corne y prospèrent : le long des petits cours d'eau qui parcourent l'île, on rencontre des forêts ombreuses, peuplées de ramiers, de merles, de tourterelles, de perroquets, etc. Le maïs y viendrait admirablement.

L'éminent voyageur ajoute que les indigènes, ne craignant ni le froid ni les insectes, apportent fort peu de soin à la construction de leurs cases, qu'ils sont aussi civilisés que possible et qu'ils aident les missionnaires dans leurs exploitations agricoles. Ils se livrent surtout à la culture des légumes, des choux par exemple qui croissent toute l'année sur les bords de l'Océan, et ils sont, à cet égard, la providence de Nouméa, dont les jardins subissent parfois les atteintes de la sécheresse et qui doit alors compter sur les pirogues chargées de légumes venues de l'île des Pins. Le plateau intérieur, quoique assez élevé, est herbeux et servirait peut-être pour l'élève du bétail. Deux mares supérieures régularisent les cours d'eau pendant la saison des pluies.

L'île n'a que deux mouillages assez mauvais : celui de Gadji, au nord ; et celui de Vao, dans le sud, voisin d'une plaine fertile et arrosée, contenant deux mille hectares environ, dominés par un plateau couvert d'arbres géants, pourtant aride et ferrugineux, amendable avec la chaux, mais qui n'engendre guère que des fougères et des bouquets épars de graminées : à l'ouest, on compte plusieurs points accessibles, pouvant offrir un abri en tous temps aux petits navires de commerce.

Comme nous l'avons dit, l'île des Pins, dont le P. Goujon prit possession le 15 août 1848, est devenue le centre des établissements des missionnaires, et, à ce titre, son histoire est intimement liée à celle de notre colonie.

Cook, après avoir quitté le havre de

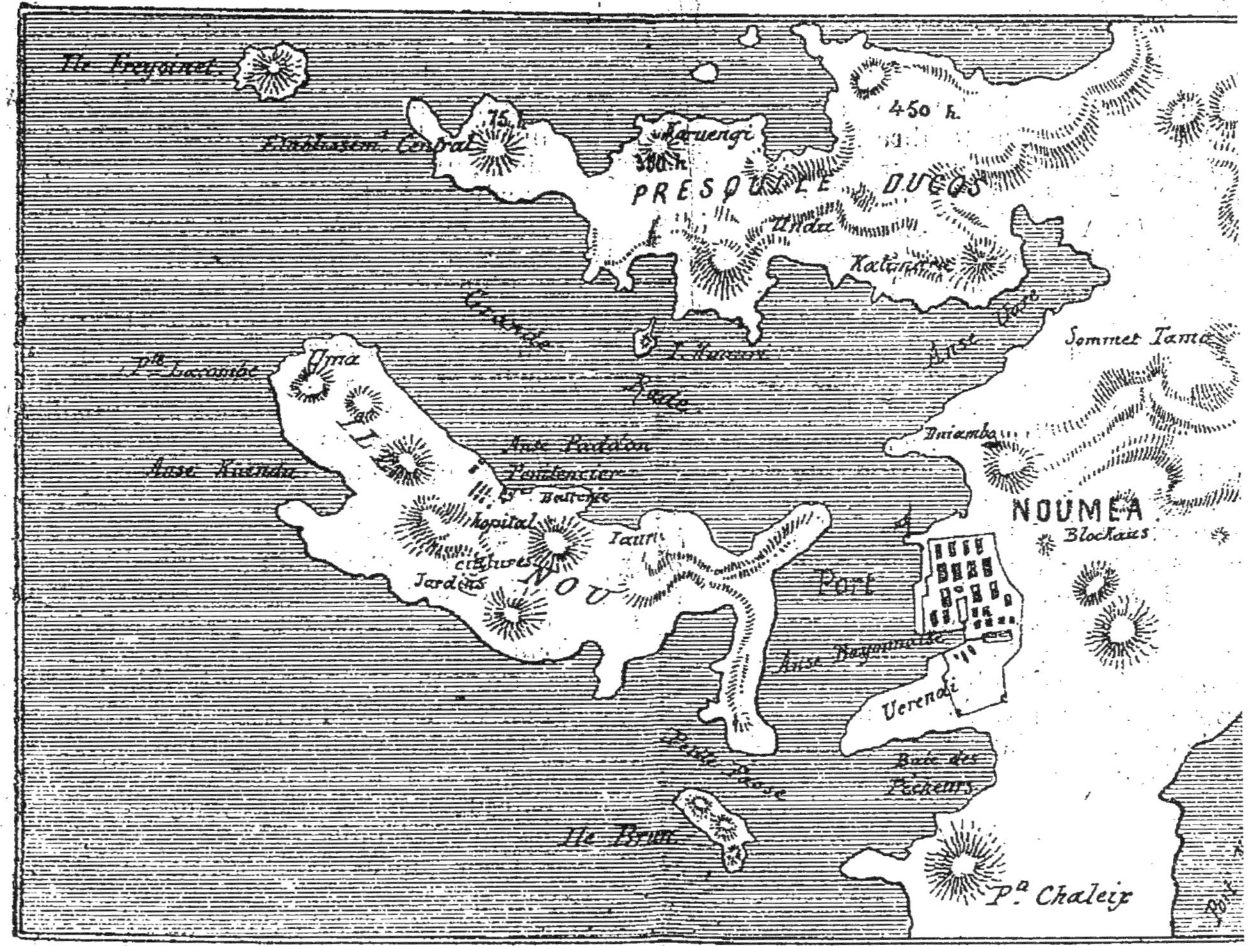

Ile Freycinet
Etablissem.t Central
75
Karuengi
350 h.
450 h.
PRESQU'ILE DUCOS
Katanane
Grande
I. Hurcure
Rade
Pte Lacombe
Uma
ILE NOU
Anse Kuendu
Anse Poddon
Pénitencier
Batterie
hopital
cultures
Jardins
Tauri
Port
Sommet Tama
Duiambo
NOUMEA
Blockaus
Anse Bayonnaise
Uerendi
Baie des Pêcheurs
Petite Rade
Ile Brun
Pa Chaleix

Balade avec la *Résolution* et l'*Aventure*, longea toute la côte orientale de la Nouvelle-Calédonie ; le 23 septembre 1774, au point du jour, il atteignit une pointe élevée, qu'il nomma le *promontoire de la reine Charlotte*. A midi, derrière le cap *du Couronnement*, il aperçut, dans une vallée du sud, un grand nombre de pointes élevées ressemblant à des colonnes de basalte. Quand on accosta, il se trouva en présence de grands arbres, de pins colonnaires, propres à fournir des bois de mâture, hauts de dix pieds, élancés, et dont les branches croissent autour de la tige en formant de petites touffes. Cook en fit couper plusieurs et quitta définitivement ces parages, en laissant à cette dernière île le surnom d'*île des Pins*.

A une époque plus ou moins éloignée, elle se rattachait à la Nouvelle-Calédonie, et sa constitution géologique n'en diffère pas : la séparation a dû se produire à la longue, les collines d'argile se démolissant sous l'action continue des eaux de pluie.

Sa forme est celle d'un ovale dont le grand axe aurait dix milles de longueur, le petit axe sept milles. Les abords sont parsemés de récifs.

Un des principaux villages est celui de Gadji, où on a conservé le souvenir de Cook.

On rencontre dans l'île des Pins le *gallicallus lafresnayanus* ou *laude dio* des indigènes, sorte de très-grosse poule à bec rouge, à long cou, et très-domesticable ; quelques chiens sauvages, qui attaquent parfois les moutons.

Le cannibalisme y a fleuri. Un indigène disait à M. J. Garnier qu'il mangeait les ennemis parce que c'était aussi « bon que porc, vache. » « — Vous laissez pourrir vos morts, ajoutait-il, parce que vous avez beaucoup de viande. Nous, nous mangeons nos ennemis, mais jamais de grandes personnes de nos tribus ; à Kanala, c'est différent! Nous nous bornons à dévorer avec des ignames les enfants mal conformés, dont le père est indigent ou la famille trop nombreuse. Cela fait beaucoup de bien à la mère!... »

Notons pourtant, pour être juste, que depuis longtemps la population est dévouée à la France et a toujours accueilli nos marins avec bienveillance. Elle a sauvé l'équipage de *l'Aventure* en lui fournissant des vivres; loin d'être un danger, elle sera d'un grand secours pour les déportés et aujourd'hui elle fournit d'excellents marins aux officiers du port et aux pilotes; chaque équipe fait le service deux mois, pour être remplacée par une autre de même race.

Groupée au Sud, dans la concession de 60 hectares exploitée par les missionnaires, elle n'en sort que fort rarement pour planter quelques patates dans le Nord; aucun conflit n'est donc à redouter de ce côté.

Le Sud deviendrait naturellement le point central de l'administration. A mesure que les condamnés réhabilités de la presqu'île Ducos afflueraient à l'île des Pins, on pourrait reporter ailleurs les missionnaires et les indigènes qui cultivent le sol par tribus fixes et non nomades. Dans la grande terre, on compte deux hectares par famille de déportés; ici on aurait plus de trois hectares, (13,000 hectares pour 4,000 habitants) en supposant tous les condamnés cultivateurs.

Au bout de cinq ans, ils pourraient passer sur la terre ferme, et leur lot serait naturellement doublé à leur gré. Ce ne serait alors qu'une colonisation provisoire.

Sur la foi sans doute de M. Georges Perrin,— voyageur entendu le 7 mars par la Commission d'enquête,— le rapport sur les îles de déportation affirme « qu'au centre de l'île des Pins est un ancien volcan, autour duquel de grands bancs de corail à fleur d'eau se sont soulevés. » M. J. Garnier n'en fait pas mention dans son *Essai sur la géologie de la Nouvelle-Calédonie*, et nous sommes d'autant plus porté à croire à une erreur de M. Perrin que si M. Garnier parle de roches éruptives magnésiennes, dans l'île Ouen par exemple, il ne signale aucun terrain de formation lavique dans toute notre colonie, et qu'il écrit quelque part : « L'île des Pins présente une surface horizontale, composée d'argiles et amas de fer hydroxydé. Un seul pic, élevé de 266 mètres, se montre au-dessus de cet horizon. Ce pic est composé de serpentines diallagiques. »

Le plus souvent la serpentine a un

aspect grenu, contient des cristaux de *diallage bronzité* et de fer chromé, et se décompose sans cesse, fournissant des amas d'argile. On en trouve aussi d'un vert foncé, semé de cristaux de bronzite, et pouvant fournir une belle pierre de construction facile à travailler.

*<br>* *

L'ile Maré ou Hengoné. — De toutes les îles dépendant de la Nouvelle-Calédonie, les plus importantes sont les îles Loyalty, à environ 60 milles dans l'est, signalées dès 1803 par l'équipage de la *Britannia*, et reconnues en 1827, par Dumont-d'Urville.

Ce groupe s'étend du S.-E. au N.-O. Il se compose de trois îles principales et de nombreux îlots. Ces trois îles, placées à une distance moyenne de 30 milles les unes des autres, sont, en allant du S.-E. au N.-O., Maré, Lifu et Uvéa.

Vues de la mer, ces îles se présentent comme une suite de plateaux isolés s'élevant peu au-dessus des flots. Le rivage, presque partout escarpé, est à pic au-dessus de l'eau, rarement coupé par de petites plages de sable. La mer est profonde près du rivage, mais pas assez cependant pour nuire au mouillage. Le point le moins dangereux — au dire de l'auteur des *Notices sur les colonies* publiées en 1866 — est celui de la baie de Sandal, sur la côte occidentale de Lifù; son diamètre est d'environ 10 milles.

Lifù a 60 kilom. de long sur 30 de large. Le sol est un carbonate de chaux, semé de sable calcaire ou hérissé de blocs redressés, présentant l'aspect des roches madréporiques.

L'eau potable y manquait absolument jusqu'ici. On vient de creuser quelques puits. Les bois sont d'essences variées; la végétation diverse est luxuriante, mais la couche d'humus est très-légère. Le coton et le tabac y viennent très-bien. Le bois de sandal, si connu jadis, a disparu. Lifù compte 7,500 habitants.

L'île Maré, un peu moins vaste que Lifù, n'a que 34 kilomètres de longueur sur 29 de largeur; mais sa constitution géologique est à peu près la même. Elle ne possède que deux très-mauvais mouillages et 4,300 habitants.

Le cannibalisme s'y est réfugié, et la partie sud s'est montrée rebelle à toute civilisation.

M. Jouan, lieutenant de vaisseau, qui a publié il y a dix ans une intéressante notice sur les îles Loyalty, n'a pas abordé à Maré; mais, d'après l'aspect de l'île, il croit pouvoir affirmer qu'elle a une constitution semblable à Uvéa, à Lifù, c'est-à-dire à la plupart des îlots voisins de Tahiti.

Les cocotiers, les pandanus, les figuiers, les banians y forment des forêts immenses. Les endroits où on peut cultiver les ignames et les taros, nourriture principale des naturels, sont très-rares, et sont formés par les détritus des végétaux remplissant les fissures et les cavités des rochers.

Les seuls mammifères terrestres qu'on rencontre sont les rats et les roussettes. On y voit quelques perroquets, des canards, des sultanes, des tourterelles, des nectarinias, des gobe-mouches et surtout d'énormes pigeons calédoniens, de petits lézards et une grand tortue de mer; des biches de mer, des polypiers du genre

astrée ou arborescents, de rares baleinop-
tères et des troupes nombreuses de mar-
souins.

L'année se divise en deux saisons; de
mai en janvier, le temps est généralement beau; pendant les autres mois, les
pluies sont abondantes et les orages fré-
quents. Rien ne résiste aux tempêtes gy-
ratoires de janvier. Le climat est du reste
des plus salubres.

Les naturels — au nombre de dix mille
aux Loyalty, — sont grands; ils ont le
front fuyant, les pommettes un peu sail-
lantes, le nez moins épaté que les nègres,
les lèvres épaisses, les oreilles longues et
déformées par le trou creusé dans le lobe
inférieur qui les fait descendre presqu'aux
épaules, les yeux bien ouverts à conjonc-
tive jaunâtre, les dents longues, la poitrine, les épaules et le dos velus, par
houppes éparses. Les cheveux longs, lai-
neux et ébouriffés, tombant en mèches
frisées sur les joues, ou relevés avec une
pièce d'étoffe qui simule ainsi un shako
cylindrique, sont teints avec de la chaux,
qui les rend roux, blonds ou blancs.

Les femmes ont le sein pyriforme et

pendant, la chevelure rasée, les allures hébétées et bestiales. Tous se tatouent. La plupart des hommes se contentent d'envelopper les parties sexuelles dans un linge; les femmes ont une sorte de ceinture frangée. Les enfants vont tout nus.

On obtiendrait facilement de la chaux excellente dans l'île de Maré. En plantant des cocotiers, on aurait peut-être une quantité d'huile suffisante pour la consommation locale. Enfin, on y trouverait de bons bois de construction; mais il faudrait bien se garder peut être d'y planter le goyavier et l'oranger, que nous avons introduit à Taïti.

Le goyavier se multiplie tellement qu'il tue, chasse et remplace tous les autres végétaux et qu'il couvre même les pâturages. Depuis qu'on a interdit la vente des boissons européennes, les indigènes laissent fermenter le jus de l'orange, afin d'obtenir une liqueur alcoolique qui leur procure une ivresse honteuse; et l'oranger a été ainsi pour eux l'arbre du bien et du mal. On ne peut se faire une idée des orgies indescriptibles auxquelles se livrent, vieillards, hommes, femmes et enfants, sous l'empire des vapeurs alcooliques.

\*\
\*\*

La presqu'ile Ducos, qui fait partie de la presqu'île de Nouméa, est plus connue sous le nom que lui donnent les indigènes. C'est pour cette raison qu'on l'a confondue généralement avec l'île Ducos, située dans la baie saint-Vincent qui s'ouvre sur la côte occidentale de la Nouvelle-Calédonie.

Elle est moins fertile que l'île des Pins, mais aussi fertile que l'île Nou. Son territoire cultivable pourrait suffire à quatre cents déportés, comme emploi de leur journée, les concessions étant réservées aux déportés simples et à leurs familles assimilés à des colons. Très-voisine du chef-lieu et du centre militaire et administratif de la colonie, cette presqu'île n'aurait pas de peine à se ravitailler, grâce aux communications déjà établies avec Nouméa.

Elle est reliée à la terre ferme par un

banc de sable très-bas et d'un isolement facile, et les condamnés seraient surveillés aisément sur un territoire qui peut être divisé en trois sections de 75, de 350 ou de 800 hectares.

C'est du côté du banc de sable que serait placé l'établissement. Sur les deux autres points seraient disposés des lots de terre, près de la mer et dans les vallons, et l'on se bornerait à exiger des condamnés qu'ils vinssent passer la nuit dans le pénitencier.

Un bras de mer de 1500 mètres au minimum les séparerait du centre colonial. Les requins seraient un obstacle presque insurmontable pour ceux qui tenteraient de s'évader fussent-ils d'intrépides nageurs. Deux évadés sur trois ont été dévorés ainsi; deux condamnés seulement sont parvenus à échapper aux poissons voraces et aux recherches de leurs gardiens et des kanaks; encore a-t-on la certitude que tous deux sont morts.

Inutile de dire qu'on interdirait le batelage dans une certaine zone et que des postes seraient établis sur les côtes et dans les îles voisines pour empêcher l'accotage.

Le climat est plus salubre qu'en Europe ; malheureusement, comme en Normandie, il n'y a pas de cours d'eau. Nouméa se trouve, il est vrai, dans une situation analogue bien qu'elle compte 2,200 habitants y compris la garnison, et s'il n'y a pas assez d'eau pour l'arrosage, les puits et les citernes suffisent à la consommation ; le chef-lieu possède même un établissement de bains. Ajoutons qu'on relie Port-des-Français à Nouméa par un canal de dix kilomètres, et que ce canal passant à l'entrée de la presqu'île, un embranchement n'augmenterait que fort peu les dépenses. En attendant, les citernes flottantes de la marine à Nouméa contiennent quarante tonneaux d'eau et plus d'une fois les équipages ont fait leur eau en pompant dans les citernes.

La presqu'île Ducos est une chaîne de collines peu boisées dont les hauteurs varient de 126 à 140 et même 150 mètres, transformée actuellement en pâturage. La moitié de la superficie paraît propre à la culture. L'igname et le maïs réussiraient partout. La latitude est la même que celle de la Réunion ; où l'on retrouve tous

les blés et tous les légumes de France,
navets, carottes, choux, avoines, etc. Les
reptiles y sont inconnus.

La zone du pénitencier serait fermée
par des murs, des fossés, des palissades,
suivant les accidents du terrain et les
travailleurs iraient aux chantiers sous la
surveillance d'agents spéciaux.

Les habitations seraient construites
avec les bois du pays pour les madriers,
avec de l'écorce pour le revêtement. On
réserverait la maçonnerie pour les services publics.

M. Bouquet de la Grye, qui a dressé
les cartes de la colonie en qualité d'ingénieur hydrographe, a couché en plein
air pendant trois ans, sans éprouver la
moindre indisposition. Aussi la question
du logement nous semble de peu d'importance, alors surtout que les soldats
abandonnent leurs baraques au bout de
deux jours pour coucher à la belle étoile.
Un officier d'artillerie raconte du reste
qu'en huit jours, en 1868, trente déportés
sont parvenus à achever leurs cases ou
gourbis.

Les légumes de France pousseraient

sans aucun doute dans l'île Ducos, mais il faut renoncer au blé. A Nouméa, un horticulteur fit de nombreux essais et au bout de dix ans seulement, il put rapporter *dix gerbes* en ville : ce fut une fête, qui malheureusement ne se renouvela pas, sans doute à cause de l'irrégularité des saisons.

La presqu'île Ducos est, principalement sur les bords de la mer, hérissée de roches très-intéressantes, identiques à celle de Bingera (Nouvelle-Galle-du-Sud), qui sont reconnues de formation dévonienne. Dans la direction du Nord-Ouest apparaissent les calcaires, conglomérats, poudingues, brèches et enfin les schistes feldspathiques qui se montrent tout le long de la côte occidentale et varient du gris au brun noirâtre.

Les calcaires sont compacts, un peu siliceux, traversés de calcaire spathique, contiennent parfois des pyrites sphéroïdales et le plus souvent des noyaux de silex. Les bancs supérieurs sont usés, mamelonnés et polis.

Les brèches sont fermées de quarz noir ou hyalin et de calcaire spathique, ou bien encore de silex désagrégé et de limonite.

Les schistes ont généralement une calotte extérieure en décomposition, tendre et fragile ; mais l'intérieur est dur, tenace, bleuâtre, pyriteux, et passe à un véritable porphyre enritique avec cristaux de feldspath orthose. Du côté de Koutio-Kouéta, ces schistes gris ou violets qui se rencontrent toujours à la base des terrains carbonifères, offrent des affleurements charbonneux composés d'un combustible pulvérulent très-impur.

Quoi qu'on ait pu dire, il faudra renoncer à l'exploitation des maigres filons de charbon de cette région.

La longueur de la presqu'île Ducos ne dépasse pas 7 kilomètres ; sa plus grande largeur, 1,800 mètres. Elle appartient au domaine et l'administration en abandonne la jouissance à son fournisseur de viande fraîche. C'est là que s'engraissent les bœufs destinés à nourrir les stationnaires du gouvernement. Les paysages environnants sont sévères, mais variés et d'un grand effet.

En regardant vers le nord, on aperçoit

à ses pieds la baie de Koutio-Kouéta, que dominent de magnifiques montagnes de 1,000 à 1,200 mètres. Les métaux qu'elles renferment leur donnent des tons rougeâtres, qui semblent s'échauffer au soleil couchant et qui parfois deviennent resplendissants.

Les cîmes des monts Kogi sont presque toujours enveloppées de nuages, qui y entretiennent l'humidité; aussi des forêts s'étendent sur leurs flancs, et, à leurs pieds, de riches vallées.

Jusqu'à ce jour, la presqu'île Ducos a été louée à des éleveurs de bestiaux. Plusieurs de ces locataires ont même à diverses reprises, proposé de l'acheter. Le gouvernement français a toujours refusé de la vendre, à cause de sa position stratégique. Elle ferme, en effet, au Nord, le port de Nouméa.

*<br>* *

La déportation ou émigration forcée provoquera évitablement l'émigration libre des familles des déportés. A ce point de vue, elle comprend la question huma-

4

nitaire, la question de colonisation et la question commerciale.

Nous avons dit que la salubrité, première condition d'un établissement pénitentiaire, ne laissait rien à désirer.

Bien que le régime auquel doivent être soumis les émigrants forcés, soit encore à l'état d'élaboration, nous pouvons déjà présumer quelles en seront les bases principales. M. le ministre de la marine ne nous semble pas du reste avoir adopté ici une opinion de circonstance ; dès 1867, il faisait cesser la déportation à Cayenne ; depuis dix ans, le bureau des colonies surtout n'a cessé d'apporter des adoucissements au sort des condamnés et nous croyons savoir que M. Michaux, le premier, a proposé de faire suivre les déportés par leur famille. Peu à peu se rétrécira le cercle des attributions discrétionnaires du gouverneur.

Le premier soin de l'Assemblée nationale sera sans doute d'abroger le décret présidentiel du 13 février 1852, concernant l'émigration des travailleurs et les engagements de travail aux colonies, qui assimile les émigrants aux forçats et les laisse sous le coup de la loi de 1850.

Le gouverneur sera probablement chargé du règlement de police applicable aux condamnés à la déportation simple et de la délimitation du territoire affecté à cette déportation ; il déterminera les points de mouillage et les conditions de surveillance et de visite des embarcations dans les ports et sur les quais, — complément de la loi sur les évasions.

Il empêchera l'accès des postes militaires et des bâtiments affectés aux services publics ; pourra interdire les clubs et l'entrée dans la colonie des livres ou journaux poursuivis en France ; règlera la forme dans laquelle les déportés présenteront à l'autorité leurs réclamations qui devront être transmises au ministre, et celle dans laquelle les surveillants constateront et dénonceront les infractions ; règlementera les ateliers de l'administration. En dehors de ces pouvoirs spéciaux, tout nous semble devoir rester dans le droit colonial commun.

Les contraventions aux règlements de police seront punies de peines édictées par le gouverneur dans les limites déterminées par l'article 369 du Code de justice militaire pour l'armée de mer. Ces peines seront appliquées par le commandant de l'île.

L'article 369 borne ces peines à *un emprisonnement qui ne peut excéder deux mois.*

L'article 10 de l'ordonnance organique concernant la Nouvelle-Calédonie est ainsi conçu :

« 1° S'il y a danger imminent d'une attaque de l'ennemi, ou s'il se produit une insurrection à main armée, la colonie peut être mise en état de siége ; 2° Durant l'état de siége, le gouverneur exerce, sous sa propre responsabilité, toute l'autorité civile ; 3° L'état de siége est levé dès qn'ont cessé les circonstances qui l'ont motivé ; 4° Il est proclamé ou levé, après avis pris du conseil de défense composé du gouverneur, de l'ordonnateur, du commandant des forces navales, de l'officier commandant les troupes d'infanterie et des officiers directeurs de l'artillerie et du génie. »

D'autre part, le gouverneur doit pourvoir à la tranquillité de la colonie et accorde les congés, permis de séjour, etc.; il a la haute police ; reçoit les plaintes qu'il transmet au ministre de la marine ; peut faire procéder à des arrestations, mais doit dans les 24 heures remettre les prévenus entre les mains de la justice ; a le droit, dans les circonstances graves, d'exclure les habitants d'un canton de la colonie, de les mettre en surveillance dans un canton remplissant les conditions prescrites part l'art. 74 du Code pénal ; (ces mesures ne peuvent excéder deux ans, et, pendant ce temps ceux contre qui elles sont prescrites, peuvent quitter la colonie;) d'exclure les coupables de la colonie, qui, alors, en cas de retour pendant le cours de la peine, seraient justiciables des tribunaux ordinaires et passibles d'un emprisonnement de 5 ans au plus et d'une amende de 100 à 2,000 fr.; d'interdire l'ouverture de toute boutique, échope, cantine à des indivus mal famés ou regardés comme dangereux, sauf à faire statuer définitivement par le ministre de la Marine auprès duquel les prévenus àuront toujours droit de se pourvoir.

Enfin, en vertu de l'article 8 du décret du 21 juin 1858, le préfet maritime et le directeur d'un établissement peuvent infliger à tout individu n'appartenant pas au service de la marine, pour infraction portant atteinte à la police ou à la sûreté, ou encore au service maritime, *la peine de la prison pendant huit jours au maximum*; le commandant à bord des bâtiments de l'État, peut prolonger cette peine jusqu'à *un mois au plus*.

L'excellent esprit qui semble avoir inspiré le rapport de M. Edmond Turquet nous permet d'affimer que toute la liberté compatible avec la sécurité publique et le respect de la loi sera laissée aux condamnés.

Les surveillants ne seraient guère que des gendarmes privés, des gardes de Paris ou des gardiens de la paix publique, n'ayant aucun rapport avec les gardes-chiourmes du bagne. Les déportés auraient à leur disposition des terrains pour cultiver les légumes, et pourraient aussi être employés à des travaux étrangers à l'agriculture.

Ils auraient droit à un salaire, à moins de refus systématique de toute occupation industrielle ou autre.

On leur accorderait de petites concessions provisoires qui leur appartiendraient au bout de cinq ans. En cas de mort, les parents compléteraient le terme de cinq ans et succèderaient au défunt. La veuve aurait toujours une part d'enfant légitime dans l'héritage.

# AVENIR DE L'ÉMIGRATION

—

On comprend que la situation nouvelle aite aux déportés et à leur famille devra amener fatalement une révolution dans le vieux système pénitencier, l'émigration forcée remplaçant l'emprisonnement et précédant les émigrations libres et encouragées par l'État, à l'instar de la déportation des *convicts* de la Grande-Bretagne qui remonte à près d'un siècle.

L'histoire de la colonisation anglaise nous paraît trop instructive et trop intéressante pour que nous n'en rappelions pas les phases principales, et pour que les quinze députés qui composent la commission d'enquête, — et auxquels sont adjoints les membres de l'ancienne commission, quelques jurisconsultes et quelques hommes spéciaux, — ne tiennent pas compte du merveilleux épanouissement auquel nous assistons en Australie.

Dès 1788, un commodore débarquait en Australie un millier d'hommes, soldats ou condamnés. En 1812, la nouvelle colonie ne comptait que 1200 habitants.

Vers 1823, les convicts, repoussés des cinq provinces du continent, étaient reçus, à cause du manque de bras, par la Tasmanie et l'île de Norfolk. Sur le continent l'absence de l'élément féminin, causait des désordres et des scandales épouvantables. La métropole, justement émue, offre des passages gratuits aux femmes et des réductions de taxes. En 1838, après une expérience de sept années, un grand meeting provoque l'importation annuelle d'un certain nombre de femmes condamnées. Cet appel a été entendu ; de 1847 à 1858, on a vu arriver en Australie 38,939 garçons et 66,232 filles. La disproportion des sexes tend chaque jour à disparaître.

De 1823 à 1850, les deux colonies pénitentiaires dont nous parlons avaient reçu 58,243 condamnés. En 1853, elles obtenaient, sur leur demande, de ne plus recevoir que des émigrants libres.

Est-il besoin de faire memarquer la transformation morale de convicts amendés et devenant propriétaires? Le travail libre adoucit leurs mœurs, épure leurs sentiments, leur fait oublier le passé, aimer l'ordre et l'économie, et respecter la loi qui les protége.

Tandis que les autres provinces prospéraient en vendant leurs terres par petits lots, à des prix modérés, l'Australie occidentale concédait d'immenses terrains aux premiers colons. Faute de bras, ces terrains restaient incultes et stériles pendant de longues années. Un établissement pénitentiaire fut accordé en 1849; le morcellement de la propriété fit le reste. Plus tard enfin, le gouverneur de la Nouvelle-Galles du sud donnait à l'*Australian agricultural company*, la concession gratuite d'un million d'acres de terres et du monopole pendant vingt années de l'exploitation des charbons de terre dans la province, contre l'engagement d'introduire un certain nombre d'émigrants européens pour cultiver les terres ainsi cédées.

L'institution des bureaux d'émigration a contribué pour une large part au succès de la colonisation anglaise. Aussitôt une colonie créée, un bureau y est établi, correspondant avec le bureau central de la métropole. Les titulaires du premier bureau s'appellent *agents*, les autres *commissaires officiels* de l'émigration.

Tous sont des hommes spéciaux, anciens élèves des écoles professionnelles, de commerce ou de marine marchande, ou vieux émigrants, honnêtes et expérimentés, auxquels la fortune n'a pas souri. Ils ont la double mission de trouver, pour les nouveaux venus des emplois chez les colons, et de régler les affaires des émigrants assistés, comme le ferait un tuteur intègre.

Les émigrans anglais assistés, c'est-à-dire encouragés, étaient, en 1859, au nombre de 449,611 en Australie; les émigrants libres ou spontanés, au nombre de 257,288. Depuis, les chiffres sont doublés.

L'émigration assistée a plusieurs sources : 1º La moitié du prix de la vente des terres, qui est affectée à l'avance du prix de passage, ou le payement du prix de passage par l'État contre un engagement ; 2° Les fonds de la taxe des pauvres ou des hospices, (en Belgique, les bureaux de bienfaisance et les communes viennent au secours de l'émigrant nécessiteux) ; 3° Un surcroit d'intérêt accordé à l'émigrant par les caisses d'épargne ; 4° Les contributions prélevées par des associations philanthropiques, patriotiques ou spéculatrices.

De 1847 à 1856, les Commissaires officiels ont dépensé pour l'émigration en Australie plus de 3 millions de livres sterling, lisez **75,000,000 de francs**, à raison de 400 francs par tête d'adulte.

Les avances sont, cela va sans dire, remboursables sur les salaires dans la colonie.

On jugera de l'importance du mouvement des colons quand on saura que, dans le seul district de Melbourne, il est arrivé de 1835 à 1865, c'est-à-dire en trente ans, 832,871 personnes, et qu'il en est sorti 421,498. L'émigration annuelle s'élève à 40,000.

Sans compter le remboursement du prix de passage et les dépenses d'acquisitions dans les colonies anglaises, voici, — dans une période de douze années, — le résultat des avances faites aux émigrants, c'est-à-dire le chiffre des sommes envoyées par eux à leurs parents restés dans les îles britanniques :

| Liv. sterl. | | Liv. sterl. | | Liv. sterl. | |
|---|---|---|---|---|---|
| 1848. | 400.000 | 1852. | 1.404.000 | 1856. | 951.000 |
| 1849. | 540.000 | 1853. | 1.439.000 | 1857. | 593.000 |
| 1850. | 957.000 | 1854. | 1.730.000 | 1858. | 472.000 |
| 1851. | 990.000 | 1855. | 873.000 | 1859. | 575.000 |
| | | | | Total. | 10.984.000 |

c'est-à-dire **274,600,000** francs.

Les rapports officiels assurent même que ces chiffres sont au-dessous de la réalité, puisqu'il a été impossible de faire le recensement exact des fonds transmis par les maisons de banque et de commerce.

Dans l'année de 1859, les émigrants australiens seuls ont envoyé à leurs familles **45,798** livres, c'est-à-dire **1,194,950** fr. On voit qu'ainsi tout est profit pour l'Angleterre dans l'émigration.

Dans un rapport, envoyé en 1864, par M. Bouillat, consul général de France à Glascow, rapport enfoui dans les *Annales du Commerce*, nous lisons les lignes suivantes :

« Des agents du gouvernement colonial Anglais sont établis en Europe, où ils ont mission de recruter, parmi les ouvriers ou agriculteurs, des colons qui non-seulement sont dirigés sur Adélaïde *aux frais de la colonie, mais encore reçoivent une prime de 10 livres sterling* (250 fr.) et l'assurance d'un emploi immédiat à leur débarquement en Australie.

«Ces colons sont soumis aux conditions suivantes :

« Ils doivent être âgés de moins de 40 ans, avoir des certificats de bonnes mœurs ; être d'une constitution robuste ; avoir un métier ou être habitués aux travaux des champs ; et s'engager à résider au moins trois ans dans la colonie, sous peine de payer au gouvernement une amende de 20 livres sterling (500). »

On sait comment le régime impérial a tenu compte de cette communication.

L'Amérique a suivi l'exemple de l'Angleterre ; aujourd'hui la plupart des Etats offrent d'excellentes conditions aux émigrants Européens.

Dans l'Amérique du Nord, le Canada cède gratuitement des lots de 100 hectares de forêts.

Dans l'Amérique du Sud, le Brésil fait l'avance du prix de la traversée des outils de labourage avec des lots de terre.

Diverses provinces de la confédération Argentine et l'Uraguay accordent des concessions gratuites de terre.

Le Chilie, la Bolivie, le Pérou, la Colombie, le Paraguay, ce *paradis terrestre* du Sud, les états de l'Amérique centrale ont contracté des emprunts pour établir des voies de communication et attirer chez eux l'immigration.

Pour atteindre ce but, un des hommes les plus éminents de l'Amérique, esprit élevé, cœur vraiment français, — M. Hector F. Varela, — comme mandataire de la plupart des États du Sud, vient de fonder à Paris le journal illustré *l'Americano*, où il se propose de vulgariser la connaissance des richesses et des produits de l'Amérique méridionale, au point de vue ethnologique, géographique, industriel et commercial, afin de préparer l'avènement des Etats-Unis de la Nouvelle-Europe.

Tous ces sacrifices ne sauraient être perdus. On peut, du reste, se faire une idée de la prospérité des provinces d'Australie par les statistiques suivantes que nous trouvons dans les notes recueillies par le *Comité d'émigration nationale et humanitaire* :

La Tasmanie, séjour des convicts, possédait en 1866, une population de 97,368 habitants; aujourd'hui cette population dépasse le chiffre de 100,000, et, dès 1862, l'île comptait 342 ÉTABLISSEMENTS INDUSTRIELS.

Pour la Nouvelle-Galles du sud, en 1825, le chiffre de l'exportation atteignait à peine 10 millions; en 1869, il atteignait 337 millions. En quarante-deux ans, on pouvait constater ainsi une augmentation de 33 pour 1. Les mines d'or, en moins de 10 ans, avaient versé plus d'un demi-milliard dans la circulation, et, grâce à l'émigration, l'élevage des moutons et le commerce de la laine étaient devenus une source de richesse inépuisable.

Pour l'Angleterre, une colonie est un débouché offert au trop plein de la population continentale, et en même temps aux produits des manufactures de la métropole.

Dans la province de Victoria, on comptait, en 1866, 903 établissements dont 242 se rattachant à l'agriculture et 93 à la manipulation des matières animales, 139 tuileries, 86 scieries, 80 brasseries, 63 fabriques d'eaux gazeuses, 42 fonderies, 14 ateliers de constructions de machines à vapeur, etc.

En quatorze ans, cette province a vu ses affaires décuplées; de 61,983,000 fr. elles étaient arrivées, en 1865, au chiffre fabuleux de 660,207,000 fr.

L'importation d'Europe en Australie se compose surtout d'objets de draperie, de mercerie, de quincaillerie, d'ébénisterie, de coutellerie, de papeterie, de fer manufacturé, de soieries, de chaussures, d'habillements, de cotonnades, de lainages et de machines.

Notons que le café, le riz, la canne à sucre et le coton ne peuvent y réussir, à cause des sécheresses et des gelées périodiques, ce qui n'a pas lieu pour la Nouvelle-Calédonie. La culture industrielle y est donc interdite.

La journée de travail y est de 8 heures ; la rémunération varie de 9 à 15 fr.

En 1867, dans la Nouvelle-Galles du sud, les ouvriers robustes des distilleries, des houillères, des mines de cuivre, des fonderies, des fabriques de savon, de chandelles et de tissus de laine recevaient 12 fr. 50 ; ceux de force moindre, 8 fr. 75. Les ouvriers des mines d'or, de 12 à 20 fr., ceux des manufactures de tabac, des raffineries de sucre, et des scieries, 10 fr. ; ceux de force moindre de 7 fr. 50 à 8 fr. Les ouvriers occupés dans les brasseries et dans les moulins à blé, 8 fr. 75 et 7 fr. 50. Ceux employés dans les fabriques de suif ou de briques, dans les tanneries et les corroieries, 7 fr. 50 et 6 fr. 25.

Ces chiffres portent avec eux un enseignement qui ne saurait être perdu, lorsqu'il s'agira d'établir les salaires tant.

pour le travail libre que pour le travail forcé dans la Nouvelle-Calédonie.

Nous citons encore M. Jules Garnier :

« L'Australie, dans les points où sa surface est assez voisine de l'équateur pour permettre la culture de la canne et du café, est généralement affligée d'un climat meurtrier ; de même, les archipels qui avoisinent la Nouvelle-Calédonie à l'est et au nord, tels que les Nouvelles-Hébrides, les Viti, les Salomon, sont tous plus chauds, plus insalubres, et, en tout cas, bien moins explorés que notre colonie. Il en résulte que celle-ci réunit une foule d'avantages propres à assurer un essor rapide, et l'on est en droit de s'étonner de la lenteur de développement de cette possession et d'accuser plus que jamais le régime militaire d'en être la cause. En dépit de la meilleure volonté du monde, un officier ne peut être un bon gouverneur ; malgré lui, il considérera toujours la colonie comme un pays conquis, et le colon, comme un *pékin*, — pardonnez-moi le mot, mais il est juste. — Que lui importent à lui, homme d'épée, l'*agriculture*, le *commerce* et l'*indus-*

*trie?* Au reste, on ne prend comme gouverneur que des hommes d'un certain
âge, et ceux-ci peuvent-ils retourner à
l'école, peuvent-ils subitement changer
le système des actes de toute leur vie ?
Non certainement, et ils ne sont point
responsables de ce qui arrive ; ils agis-
sent comme on devait s'attendre qu'ils le
feraient, c'est-à-dire en hommes élevés
sous le joug de la discipline militaire,
habitués eux-mêmes à commander partout en maîtres absolus, et surtout à ne
s'attacher à aucun pays, puisqu'ils sont
à chaque instant sous le coup de recevoir
leur changement.

« Le gouvernement militaire de l'Algérie, tant de fois attaqué, peut avoir un
semblant de raison sur ce vaste territoire qui abrite les tribus hostiles, nombreuses, armées ; mais à la Nouvelle-Calédonie, que j'ai pu parcourir impunément
à pied avec sept soldats et moins, quelle
raison reste-t-il d'y étaler ce luxe de militaires ? Ceux-ci, au reste, se sentent
inutiles et s'ennuient, comme doivent le
faire des gens d'épée qui recherchent
l'action véritable et la gloire qui l'accom-

pagne, et non pas des chasses à l'homme
dans la montagne.

« Ce qui serait utile, c'est que le gouvernement comprît enfin tout l'intérêt
qu'il a à posséder des colonies pour les
*colons*, et non pour servir de terrain de
manœuvre ou d'occasion d'avancement
aux garnisons qu'il y envoie. Ces bulletins
glorieux qui nous arrivent des possessions
lointaines ne trompent plus personne ;
aujourd'hui chacun sait qu'aucun peuple
de race noire, encore à peu près armé
comme au temps de la Bible, dépourvu
de tactique et de toute vertu militaire, ne
saurait résister, même à mille contre un,
à la perfection de nos engins de guerre.
Je voudrais, — aussi je le répète, — que
mon pays se souvînt que les peuples les
plus prospères ont toujours été et sont
encore les peuples colonisateurs ; que c'est
par l'émigration seule que les classes
prolétaires peuvent *avoir*, c'est-à-dire
accomplir un des désirs les plus ardents
de notre époque. La colonisation est encore la meilleure soupape de sûreté d'un
peuple ; c'est par là que s'enfuient ceux
qui se trouvent à l'étroit, tout en laissant

de la place aux autres. L'Irlande, cette
nation malheureuse, malgré toute son
énergie, ne fait pas de révolutions, elle
émigre ; elle va chercher sur ces vastes
et fertiles terres, encore sans maître, ce
que les peuples européens ont baptisé
du mot *liberté*. La *liberté*, ah ! c'est chez
le malheureux surtout qu'elle est une
aspiration légitime, car elle veut dire
bien-être moral et matériel !

« Mais il faut du courage pour émigrer ;
notre nation est-elle déjà assez amollie
pour ne pas le posséder ? Non certainement, mais il faut lui donner l'impulsion.
Pour moi, je compare celui qui va émigrer à l'homme qui, prenant un bain
froid, ne peut s'enfoncer dans l'eau
qu'avec lenteur et passe par mille sen-
sations pénibles avant de jouir de la
fraîcheur des eaux. Avant de se décider
au départ, le colon éprouve de vives an-
goisses ; pendant la route, les dangers,
les soucis, les misères, le souvenir de la
patrie les accroissent encore ; mais une
fois débarqué dans ces pays du soleil, sur
ces terres généreuses, lorsqu'il voit cette
ampleur relative de la vie, il est heureux,

et les regrets font place à de douces
espérances d'avenir. Aussi faut-il encourager et rassurer cet homme ; il doit
emmener avec lui sa femme, ses enfants,
son foyer, en un mot ; il faut aussi qu'il
soit sûr de trouver en arrivant des insti-
tutions protectrices exécutées par des
hommes qu'un caractère désintéressé et
honnête, une longue expérience, auraient
appelés aux fonctions d'administrateurs
coloniaux ; mais il ne faut pas qu'il
tombe, comme à la Nouvelle-Calédonie,
par exemple, dans des bureaux envahis
par des officiers — très-jeunes d'ordinaire — ennuyés de ce nouveau métier ;
incapables de conseiller, de diriger le
colon, et, de plus, agissant tout à fait à
leur guise et sans façon vis-à-vis de lui... »

Cette page éloquente, écrite il y a deux
ans, signalait le vice radical de notre système colonial. Il appartient à l'Assemblée
nationale d'y porter remède ; d'abord, en
plaçant à côté de l'élément militaire l'é-
lément civil, avec des pouvoirs parfaitement délimités ; ensuite, en exigeant
annuellement de notre consul un rapport
spécial sur l'état commercial, financier,

industriel et agricole, en un mot sur les
forces productives de la colonie et sur
son avenir, au point de vue de l'importation et de l'exportation, — rapport semblable à ceux rédigés par les secrétaires
des légations anglaises pour le foreign-
office, et qui serait distribué aux membres de l'Assemblée nationale, des
Chambres de commerce et des Arts-et-Mé-
tiers; enfin, en envoyant chaque année un
ou deux députés auprès des colons, pour
recevoir leurs vœux et leurs plaintes,
étudier leurs besoins afin de pouvoir signaler au retour les lacunes à combler,
les imperfections à réformer, les progrès
à réaliser (1).

Le régime *militaire*, survivant à la
conquête, est un obstacle insurmontable

(1) Au moment de mettre sous presse,
nous apprenons que M. l'amiral de Mon-
taignac, membre de la Commission d'enquête sur le régime pénitentiaire, a proposé
que des inspecteurs civils fussent envoyés
tous les six mois dans la colonie; l'importance de cette proposition, émanée d'un officier supérieur de la marine, n'échappera
à personne.

au développement des colonies, et il n'a même pas le mérite de leur épargner un autre régime, qui paralyse les efforts les plus désintéressés et lasse par ses lenteurs formalistes les âmes les mieux trempées : nous voulons parler du régime *bureaucratique*.

L'un et l'autre de ces deux régimes présentent le triste spectacle d'une direction inexpérimentée, ignorant les besoins de ceux dont elle est appelée à défendre les intérêts. Pour eux, les échanges internationaux semblent lettre close.

L'Angleterre, qui ne cesse de faire preuve dans ces questions d'un véritable sens pratique, n'a pas hésité à adopter pour ses possessions lointaines le régime *commercial*, appuyée sur des forces militaires suffisantes pour protéger les intérêts commerciaux, qui ne sont autres, du reste, que les intérêts de ses nationaux. Il ne faut pas chercher ailleurs le secret de la prospérité merveilleuse des colonies anglaises.

Pour notre part, nous ne formons qu'un vœu : c'est qu'il se rencontre, à l'heure présente, un citoyen dont le dévouement et le patriotisme égalent l'intelligence, qui ait le courage d'accepter la périlleuse mission de gouverneur de la Nouvelle - Calédonie, d'inaugurer un régime aussi éloigné de l'autorité militaire que de la routine bureaucratique, et de consacrer dix ans de sa vie à la grande œuvre de la colonisation française. Nous ne connaissons pas d'ambition plus généreuse et plus digne d'un homme de talent et de cœur, et nous pouvons affirmer que le nom de celui qui aura su remplir cette tâche glorieuse sera placé dans l'histoire à côté de celui des patriotes les plus estimés et les plus admirés.

En attendant que ce vœu se réalise, indiquons l'ensemble des mesures qui nous semblent les plus propres à activer l'émigration libre, conséquence du succès de l'émigration forcée.

Un petit programme, publié par les soins *du comité provisoire de l'émigration nationale et humanitaire*, dont M. Eugène-Germain Vadet est le fondateur-secrétaire, contient sur la question

de la colonisation des notes comparati-
ves, des indications pratiques et des statistiques précises qui nous paraissent dignes de fixer l'attention des hommes d'é-
tude et de bonne volonté.

M. Vadet a recherché les causes de la
prospérité des colonies Anglaises, et de
l'Australie en particulier ; il a étudié les
moyens employés par la Grande-Bretagne pour obtenir les résultats prodigieux
devant lesquels doivent s'extasier toutes
les métropoles ; il a mis en regard les
climats, les races, les aptitudes des colons, les ressources du sol, et il en arrive
à conclure que la Nouvelle-Calédonie est
plus favorisée encore par la nature que
l'Australie, et qu'il ne s'agit plus que de
régulariser l'émigration et de lui donner,
en la moralisant, une impulsion éclairée
et continue.

Nous citons textuellement :

« 1° Il faut faire connaître à tous les
conditions, les avantages et les facilités,
ainsi que les écueils qui sont connus seulement de quelques-uns. »

Puissions-nous avoir répondu à ce premier vœu du *comité provisoire d'émigra-*

*tion* en publiant cette notice, incomplète sans doute, mais dont chaque ligne a été puisée à une source digne de foi !

Pas n'est besoin de rappeler que les petits livres publiés par M. C. Boyer, agent officiel de la république Argentine ont déterminé, presque seuls, le grand mouvement d'immigration qui se dirige depuis 1858 vers la Plata.

« 2° Il faut organiser des sociétés protectrices de l'émigration, à l'instar des sociétés anglaises et allemandes. »

Le Comité regarde comme indispensable la création de commissaires officiels de l'émigration, chargés de remplacer provisoirement les sociétés protectrices, et il ne cache pas que tout est à créer dans notre colonie : abris, culture vivrière, voies de communication, et que, si les approvisionnements de céréales peuvent se faire provisoirement en Australie, les bras manquent, et les Kanaks se montrent rebelles à la culture européenne.

On ne pourra donc coloniser qu'à l'aide des forçats amendés, des déportés et de leurs familles, des indigènes des Hébrides, de la Réunion, de Maurice, et des transfuges de l'Australie. Les émigrants de tous les pays viendront commercer avec la colonie aussitôt que l'émigration française, libre et encouragée, leur en aura montré le chemin.

Par arrêté du 20 juillet 1863, le gouverneur créait un bureau de placement pour les émigrants, et une décision de septembre 1867 réglait les rations de vivre données à titre de secours. Mais ce bureau, qui a plus d'un rapport avec les bureaux arabes, n'a pas été très-heureux jusqu'ici; car des trois convois récents de Néo-Hébridais, un rapatriement a déjà eu lieu en 1867 et l'entrepreneur Andrew Henry a dû abandonner son cautionnement, faute par lui d'avoir fourni le nombre d'immigrants des Hébrides qu'il avait promis.

Tout émigrant doit, dans les huit jours qui suivent son débarquement, se prononcer sur le choix d'une concession à son compte ou d'un placement chez les colons. Dans le premier cas, il reçoit des outils et des vivres pendant quatre mois; dans le second, l'agent d'émigration choisit un colon, avec lequel est passé un contrat d'engagement sans frais devant le greffier des tribunaux. Voici le modèle de cet engagement, aux termes de l'arrêté du 10 août 1865 :

Entre..... et.....

L'engagiste s'oblige de fournir à l'engagé :

1º Logement, en nature ;

2º Nourriture, en nature (quantité par semaine) : 6 kil. 300 gr. de riz et 6 kil. 450 gr. de porc salé. — *Nota*. Cette quantité de porc salé doit être délivrée en une seule fois ;

3º Soins médicaux, en nature ;

4º Inhumation, en nature ;

5º Salaires ou portions de revenus ;

6º Rapatriement, en nature, sans retenue pour les prestations en nature.

### OBLIGATIONS DU TRAVAIL

1º Nature du travail ;

2º Durée du travail par jour.

3º Heures de repos par jour.

### CONDITIONS PARTICULIÈRES

Signatures de l'engagiste, de l'engagé et du greffier.

Si l'émigrant n'a pas trouvé à se placer, on lui accorde des rations de vivres journalières ainsi réglées par la décision de 1867 :

### Hommes.

Pain, 750 gr., ou biscuit, 550 gr.
Viande fraîche, 300 gr.
Lard salé, 225 gr.
Haricots secs, 120 gr.
Vin, 46 centilit.
Eau-de-vie, rhum ou tafia, 6 centilit.

### Femmes et enfants de 8 à 16 ans.

Pain, 750 gr., ou biscuit, 550 gr.
Viande fraîche, 300 gr.
Lard salé, 225 gr.
Haricots secs, 120 gr.

### Enfants au-dessous de 8 ans.

Pain, 375 gr., ou biscuit, 275 gr.
Viande fraîche, 150 gr.
Lard salé, 125 gr.
Haricots secs, 120 gr.

En aucun cas, la délivrance de ces rations ne pourra se continuer pendant plus de 60 jours.

On comprend dès lors la nécessité de

préparer les voies aux émigrants, afin de leur éviter de longs jours de chômage.

Faut-il ajouter que les sociétés protectrice de l'émigration en Angleterre surtout, secondées par les commissaires officiels, ont rendu d'immenses services.

Celle des *prêts pour la colonisation de famille*, fondée par Madame Chilsholm, peut servir de modèle en ce genre. Nous ne parlons pas de l'*Asile des arrivants* créé par cette femme d'élite chez qui le cœur égalait l'intelligence. La mémoire de madame Chilsholm est justement vénérés à Madras, à Sydney et dans tout l'Orient.

*
* *

Nous touchons ici à la question la plus importante et peut-être la plus difficile à résoudre : celle de la colonisation industrielle, principale branche de la déportation actuelle.

Les déportés politiques travailleront les uns pour leur propre compte, les autres pour des colons.

Mais combien d'entre eux ne pourront se livrer à la culture, faute d'instruction ou de forces suffisantes! La plupart, ouvriers industriels habiles, préféreront alors le *far niente* à une occupation agricole ; s'ils pouvaient exercer leur profession ou faire un emploi utile de leurs aptitudes, ils contribueraient peut-être dans leur sphère à la prospérité de la colonie.

Mauvais colon agricole, l'ouvrier des villes possède toutes les qualités d'un excellent colon industriel. Un économiste distingué, qui a longtemps dirigé d'importants établissements industriels au Chili, M. Courcelles-Seneuil, et un ancien manufacturier qui a fait de longues études sur l'émigration française, M. E. G. Vadet, sont unanimes sur ce point. Ils se bornent à faire observer que l'ouvrier français doit être isolé de ses compatriotes et doit jouir d'une certaine liberté d'action, tout en étant maintenu par des règlements élaborés avec justice et intelligence.

Il suffit de se rappeler du reste l'essai fait après 1849, en Californie.

L'Etat, on le comprend, ne peut se créer manufacturier universel en quelque sorte, pour offrir un aliment à l'activité diverse de chacun. Mais on verrait bientôt se former, sous sa direction, des associations entre les condamnés pour les objets de consommation immédiate, tels que chaussures, effets d'habillements, ébénisterie, serrurerie, etc... L'outillage serait peu dispendieux, et le fret nécessaire pour compléter le chargement des navires d'émigration permettrait de transporter, sans frais, les machines et les instruments de travail indispensables à la culture, à l'élève du bétail, à l'industrie et aux différents métiers. On n'a pour se rendre compte de la justesse de ces observations, qu'à se reporter à la statistique que nous avons donnée plus haut sur la province de Victoria.

Comme les champs les plus riches restés sans culture se remplissent d'herbes inutiles et nuisibles, les âmes inactives se livrent aux passions les moins excusables. Mais le jour où ils ont une occupation, un espoir de bien être fût-il lointain, les hommes les plus dangereux cessent d'être redoutables et marchent à grands pas vers la réhabilitation. Nos lecteurs ont vu les résultats obtenus déjà à l'île Nou.

Les commissaires officiels de l'émigration ne pourraient-ils pas préparer en France un classement sérieux des déportés ouvriers, en tenant compte de leurs professions et de leurs aptitudes? Ce classement serait achevé dans la colonie même. Pour cela, il suffirait que les commissaires fussent des hommes spéciaux et expérimentés.

Les déportés qui ont le projet de se livrer à la culture des terres ont eux aussi intérêt à connaître les travaux qui leur incomberont et le sol avec lequel ils se trouveront aux prises, afin de pouvoir s'embarquer sans amertune et sans haine, avec la ferme intention de s'amender, de n'être plus à la charge de l'Etat, en un mot de gagner de quoi suffire à leurs besoins.

Rien n'empêcherait de considérer le transport gratis des colons et de leurs outils par l'Etat comme des avances faites aux émigrants forcés ou libres et à leurs familles ; et nous ferons remarquer que ce serait encore un des avantages de la déportation sur l'emprisonnement, de diminuer ainsi les dépenses faites en pure perte matérielle, et de restreindre ces mêmes dépenses aux rares condamnés qui aimeraient mieux vivre aux frais de la métropole que travailler pour se suffire à eux-mêmes, et qui renonceraient ainsi à une aisance relative et à une indépendance réelle. Pour nous qui, malgré le dire de leurs coreligionnaires, croyons les déportés politiques bien moins intraitables que les forçats du bagne, nous sommes convaincu que presque tous accepteront avec empressement un travail qui satisfera à la fois leur dignité et leur intérêt.

Les chiffres viennent répondre aux fins de non-recevoir dogmatiques des critiques à outrance et prouver que loin de reculer, la colonisation avance à grands pas.

L'année dernière, l'île a acquis 250 colons nouveaux.

En novembre 1871, le chiffre des blancs était de 4,618 ; celui des travailleurs Indiens ou Asiatiques, de 1,176; celui des Kanaks, de 35,334, dont la plupart s'occupaient de culture et de défrichement. 66,131 hectares de terre étaient exploités par les colons, et le nombre des demandes de concession et de permis d'occupation allait toujours croissant. 27,000 hectares avaient été aliénés définitivement et payés, et 5 usines commençaient à fonctionner.

Sur ces 27,000 hectares on comptait :

|  | plantés | préparés |
|---|---|---|
| En cannes à sucre . . | 232 h. | 173 |
| Caféiers . . . . . | 78 h. | 14 |
| Coton. . . . . . | 108 h. | » |
| Riz . . . . . . | 51 h. | 4 |
| Maïs . . . . . . | 247 h. | 51 |
| Haricots . . . . . | 23 h. | » |
| Plantes vivrières . . | 736 h. | 202 |
|  | 1475 h. | 444 |

Le café, le riz et le maïs se trouvent surtout à Kana. La canne, dans le Sud de la grande île.

Le riz a donné 2,500 kil. par hectare ; le sucre, en 1869 : 4,000 kil.

En 1869, il y avait 585 engagés, dont 169 amendés ; en 1872, 600 transportés amendés employés chez colons qui n'avaient qu'à s'en louer.

On comptait, en 1868 : 192 habitations de colons, 292 dépendances, représentant une valeur de 662,385 francs ; en 1869, 302 habitations et 529 dépendances d'une valeur de 2,628,933 fr.

En 1868, la colonie possédait 115,448 mètres de clôture ou barrières pour les bestiaux. Le premier semestre de 1869 a vu ce chiffre s'élever à 171,492 mètres.

Voici le relevé des différentes espèces de bétail, d'animaux de trait et de basse-cour élevés par les colons, avec le chiffre pour les années 1868 et 1869 :

|  | 1868 | 1869 |
|---|---|---|
| Chevaux . . . . . | 357 | 530 |
| Anes . . . . . . | 33 | 47 |
| Bœufs (1). . . . . | 6,764 | 6,662 |

(1) Le gros bétail réussit fort bien et la diminution constatée ici provient de l'abattage nécessité par l'accroissement de la population.

| | | |
|---|---|---|
| Béliers et moutons. | 1,891 | 8,645 |
| Boucs et chèvres . | 1,397 | 2,481 |
| Porcs . . . . . | 4,615 | 8,280 |
| Volailles, (coqs, poules, canards, oies, dindes, pintades, etc.) | 14,488 | 26,115 |

*
* *

En 1868, le mouvement de la navigation du port de Nouméa avait présenté les résultats suivants :

Les entrées et sorties réunies ont constaté 118 navires jaugeant 17,608 tonneaux et montés par 949 hommes.

Dans ces chiffres, le pavillon français figure pour 15 *navires*, 5,753 tonneaux et 213 hommes.

Les importations en 1868 seront élevées en totalité à 3,061,455 francs, dont 1,137,000 par navires français.

Les exportations ne se sont montées qu'à 186,912 francs dont 1,000 fr. seulement par pavillon français.

Le mouvement général du commerce en 1868 donc été de 3,248,367 francs.

Les importations en 1867 ne représentaient qu'une valeur de 2,178,870 fr. Les exportations de 1868 accusent sur celles de 1867 une augmentation de 77,637 fr. En 1869, les affaires se sont accrues de telle sorte que le résultat du premier semestre a atteint près des 2/3 du chiffre total de 1868.

Les importations d'Océanie en France se sont élevées en 1869 à 602, 614 fr. et les principaux articles sont les nacres de perles en coquilles brutes, les huiles de palmes, de coco, le coton et la laine.

Le chiffre des exportations de France en Océanie dans la même année a atteint 2,568,875 fr. On voit en première ligne les vins, les eaux-de-vie, et les liqueurs; puis viennent les viandes salées, le fer étiré en barres, les papiers, les livres, les gravures; ensuite les couleurs sèches et en pâte, les étoffes de soie, les tissus, la passementerie et les rubans de laine, les tuiles, briques et carreaux de terre; enfin la poterie, les verres et les cristaux.

Plusieurs sociétés sont en voie de formation pour l'exploitation d'usines nouvelles, et le mouvement progressiste paraît si bien démontré que M. de Kervéguen a fait récemment transporter de la Réunion un moulin à blé, et qu'une nouvelle *Compagnie de la Nouvelle-Calédonie* vient de se constituer définitivement. Cette Compagnie s'est engagée à établir immédiatement une banque et un service de paquebots à vapeur et un service postal, à créer des routes et à exploiter 25,000 hectares qu'elle vient d'acquérir à 25 fr. l'hectare, comme tous les concessionnaires, — après en avoir offert sous l'empire 3 fr. seulement, et à construire des établissements appropriés à la culture coloniale. Ce fait, qui a passé inaperçu, porte avec lui un double enseignement : il prouve d'abord que nous en avons fini avec les errements et les marchés de l'empire, et ensuite, que les compagnies financières n'ont pas perdu toute confiance dans la République française, puisqu'elles consentent à opérer aujourd'hui avec des charges bien plus onéreuses, qu'il y a trois ans. La valeur des terrains ne peut du reste que gagner avec le temps si nous jugeons par la comparaison. Une compagnie Anglaise avait acheté 4,000 hectares au sud de Taïti et M. J. Garnier raconte qu'elle passait pour avoir fait une excellente spéculation en les payant aux indigènes *à raison de 80 fr. l'hectare.*

———

*Population blanche de la Nouvelle-Calédonie au 1er janvier 1869 et au 1er janvier 1870 :*

## 1869

| | | | |
|---|---|---|---|
| Nouméa. — Hommes. | 801 | } | 1,214 |
| — Femmes. | 413 | | |
| Dans la Grande ile. | | | |
| — Hommes. | 128 | } | 166 |
| — Femmes. | 37 | | |
| Iles Loyalty. | | | |
| — Hommes. | 49 | } | 67 |
| — Femmes. | 18 | | |
| | | | 1,447 |

Troupes d'infanterie et d'artillerie. . . . . . . . . . 826

IMMIGRANTS ASIATIQUES AFRICAINS ET OCÉANIENS

Hommes.. . . . . . 537 ⎫
Enfants... . . . . . 22 ⎪
Femmes . . . . . . 11 ⎪
Asiatiques hommes. . 238 ⎬ 857
Garçons. . . . . . . 14 ⎪
Filles.. : . . . . . 7 ⎪
Femmes.. . . . , . 28 ⎭

Ouvriers de la transportation, les libérés, 209 en 1870, et les familles des libérés et des condamnés.. . . . . . . . . . 1,962
                                    ————
            Total. . . 5,092

## 1870

Nouméa. — Hommes. 924 ⎫
   —      Femmes. 447 ⎰ 1,371

Dans la Grande île.
   —      Hommes. 102 ⎱ 128
   —      Femmes. 26 ⎰

Iles Loyalty.
   —      Hommes. 50 ⎱ 63
   —      Femmes, 13 ⎰
                          ————
                          1,562

Troupes d'infanterie et d'artillerie. . . . . . . . . . 754
Immigrants asiatiques africains et océaniens. . . . . . 1,176
Ouvriers de la transportation, les libérés 209 en 1870, et
des condamnés. . . . . . . 2,302

Total. . . . 7,336

*Comparaison de la population blanche
à Nouméa.*

| 1er juin 1866. | 1er janv. 1869. | 1er janv. 1870. |
|---|---|---|
| 667 h. | 1,447 h. | 1,562 h. |

*Tableau de la population d'origine non
européenne.*

Indigènes de la Nouvelle-
Calédonie et îlots adjacents,
(d'après des données géné-
ralement admises) . . . 40,000 h.
Indigènes des îles Loyalty. 13,334
Océaniens . . . . . . 720
Africains. . . . . . 11
Asiatiques . . . . . 445

54,510

*Note publiée par le ministère de la marine.*

Pour encourager le mouvement de l'immigration, la colonie accorde sur les fonds de la caisse locale des passagers à bord des navires de l'Etat, aux ouvriers de certaines professions et aux cultivateurs justifiant de la possession d'un capital de 800 à 1,500 fr., selon l'importance de leur famille.

## *Navigation.*

En 1870, le mouvement de la navigation (entrées et sorties réunies) du port de Nouméa a été de 173 navires, jaugeant 26,991 tonneaux, montés par 1,572 hommes.

Dans ces chiffres, le pavillon français figure pour 20 navires, jaugeant 7,525 tonneaux, montés par 291 hommes.

## *Importations et exportations.*

En 1870 les importations se sont élevées à 3,249,182 fr. dont 767,490 fr. par navires français et les exportations ont été au chiffre de 303,650 fr. dont 1,500 seulement par pavillon français.

Le mouvement général du commerce a donc été de 3,552,832 fr.

### Bestiaux.

Le nombre des propriétaires de bestiaux était de 89 au 1er janvier 1871.

### Terrains domaniaux.

Les terrains en exploitation au 1er janvier 1871 atteignent le chiffre de 66,141 hectares dont 27,636 hectares, terrains domaniaux aliénés et 28,505 hectares, terrains loués avec et sans droit de préemption.

### Condamnés.

Au 1er juillet 1871, le nombre des condamnés en cours de peine, était de 2,564 dont 8 femmes et 231 chez les colons. Ces condamnés étant répartis comme suit :

868 au Pénitencier dépôt de l'île de Mau, 248 au Pénitencier de Bourail, 92 à celui de Kanala, 205 au camp de Montravel, 189 à celui de la vallée des colons, 176 à celui de l'Orphelinat, 176 au camp de Dumbéa, 83 à celui de Saint-Louis, 78 à celui du Prony et 210 dans cinq

autres camps. Ces condamnés avaient 99 surveillants.

*<br>* *

Nous ne doutons pas qu'éclairée par les rapports de MM. Michaux et Edmond Turquet sur les intérêts capitaux de la France coloniale, l'Assemblée nationale ne se prononce en connaissance de cause et que la Nouvelle-Calédonie ne soit bientôt dotée du régime vraiment libéral et colonisateur qui doit assurer désormais aux immigrants la sécurité morale et matérielle.

Il est facile de nier la possibilité du bien, il est en tout cas plus méritoire de le tenter.

N'oublions pas que les colonies anglaises ont eu de bien plus pénibles commencements, et soyons convaincus qu'après cette trop longue incubation une nouvelle nation ne tardera pas à éclore au soleil océanien.

Puissent nos cartes s'enrichir bientôt de noms inconnus de villes naissantes, étoiles hier invisibles, qui brilleront demain au drapeau des États-Unis de l'humanité!

# TABLE

—

F. Aureau. — Imprimerie de Laguy.

# BIBLIOTHÈQUE POPULAIRE
## à 25 centimes le volume
### (Étranger, 30 centimes).

Cette collection comprendra des petits ouvrages de différents genres : des livres de vulgarisation scientifique, des petits traités de politique populaire, des œuvres d'imagination, des ouvrages utiles, etc.

## EN VENTE :

1. **Le Siége de Paris** (histoire du blocus de 1870-1871). 1 vol. avec carte.
2. **Histoire de la Commune de Paris** (18 mars-31 mai 1871). 1 vol. avec plan.
3. **L'Empire dévoilé par lui-même** (papiers saisis aux Tuileries), avec autographe. 1 vol.
4. **Histoire de la Guerre** (juillet 1870 à janvier 1871). 1 vol. avec carte.
5. **Journal d'un Prisonnier de guerre en Prusse**, par un officier de marine. 1 vol.
6. **L'Hygiène**, par J. Denizet.
7. **Les Ballons pendant le siége**, par W. de Fonvielle. 1 vol.
8. **Alsace et Lorraine**, par Élie Sorin. 1 vol. avec carte.
9. **Histoire de l'Internationale**, 1 vol.
10. **Histoire du Second Empire**, 1 vol.
11. **Napoléon Ier**, par André Lefèvre. 1 vol.
12. **A travers la Vie**, histoires du Dimanche, par Édouard Siebecker.
13. **La fin du Bonapartisme**, par Ed. de Pompery, 1 vol.
14. **La Nouvelle Calédonie**, avec carte, par V.-F. Maisonneufve, 1 vol.

*D'autres volumes sont sous presse*

## DÉPOT DE LA BIBLIOTHÈQUE POPULAIRE
### En Belgique

M. Rozez, 87, rue de la M

F. A.

www.ingramcontent.com/pod-product-compliance
Lightning Source LLC
Chambersburg PA
CBHW070943100426
42738CB00010BA/1955